我们为什么要合作

Why We Cooperate

先天与后天之争的新理论

〔美〕迈克尔·托马塞洛 著
（Michael Tomasello）

苏彦捷 译

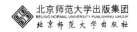

北京师范大学出版集团
BEIJING NORMAL UNIVERSITY PUBLISHING GROUP
北京师范大学出版社

中文版序

从古希腊开始，西方知识体系中的个体主义导向已初见端倪。它不仅影响了哲学，尤其是以英语为母语的西方世界中的分析取向，也浸染着19世纪才开始作为一门独立学科登上舞台的心理学。

然而，这种形势正在发生改变。在哲学界，过去的几十年见证了一种新范式的涌现，它尝试对人类的共享意图（或称为集体意图）进行描画。诸如约翰·塞尔（John Searle）、迈克尔·布拉特曼（Michael Bratman）和玛格丽特·吉尔伯特（Margaret Gilbert）这些有影响力的哲学家都加入了这一行列，并部分揭开了相关活动中涉及的参与方式。而与之密切相连的人类活动虽然从表面上看充满了个体主义色彩，但背后的社会关系、文化习俗、规范和制度在其间扮演的角色决定了这仅仅是一种可能。本质上，人类独特心理的深层结构浸染着很强的社会性成分和文化底色。

在心理学界，这种变化由演化取向推动。对比人类及其灵长类近亲的演化会清楚地发现，其间涉及的重要差异都源自人类独特的互动形式，尤其是人类乐于从事的多种形式的合作，其中也包括人类独具的合作性交流，其使得人类群体可以借助合作创造出任何个体所无法独自创造出的各种事物，这在电脑和摩天大楼这类创造中体现得尤为明显，当然也体现在更为基础的人类能力当中，如习俗性语言交流和借助道德准则进行的自我调节。

《我们为什么要合作》以 2008 年我在斯坦福大学"泰纳讲座"（Tanner lecture）上所讲内容为蓝本。当时的讲座主要针对普通听众，其核心观点在于，相比其他灵长类，人类具有超强的合作性。幼儿似乎天生就会合作，实际上，成人的社会化引导和训练并不会在其间起到多大的作用。当然，这并不是说成人的社会化训练是不重要的，它确实重要，但只是对那些年龄大一些的儿童重要。儿童可以不避困难地去帮助别人达成目标，也可以和他人合作以达到共同目标，他们在此类任务中表现出的一般性合作天性并不是社会化训练带来的。本书中提到的很多研究都致力于描述人类的这种适应合作的独特方式。

《人类思维的自然史》面向的读者更多的是学术界同人。它的核心观点是，人类思维的独特形式立足于灵长类思维（类人猿在问题解决情境中也会进行思维推理），但随着演化的推演其又逐渐超越灵长类思维。使人类思维得以超越的原因在于社会过程的融入，社会性成分和交流成分的参与使得人类有能力形成视角性认知表征（同一动物既可被称为狗，也可以被称为宠物）并进行递归思维。例如，那些管控推理过程的规则，只要不是自我矛盾，来自社会这一统一整体，本质上，是它们限定了某一文化背景的理性。本书以暗喻开头，指出人类思维就如同一个爵士乐演奏家私下即兴表演的新曲目。毋庸置疑，这是个体活动，但如果没有创造乐器、乐理的先辈以及构成制作音乐过程中重要一环的观众，这个所谓的"个体活动"就无法实现。

我不是跨文化心理学方面的专家，但通过阅读一些相关研究，我知道连同中国在内的很多东亚国家的文化都更偏向于集体主义，而这同我自己成长和学习的文化环境并不一样。所以，对于中国读者来说，我这里的很多观点可能都是显而易见的。但无论如何，我仅着眼于论证相关知识的准确性，同时希望即便是拥有集体主义思维和行为方式的东方读者，也能在同人类社会互动和思维这些基础过程相关的问题上有所启发。

迈克尔·托马塞洛

Michael Tomasello

2016.7.27

Preface

From its beginnings in Ancient Greece, the Western intellectual tradition has had a decidedly individualistic orientation. This is true both in philosophy, especially in the analytic tradition of the Anglophone world, as well as in psychology since its birth as an academic discipline in the 19th century.

But things are beginning to change. In philosophy, an important new paradigm has emerged in the last few decades that attempts to characterize human shared (or collective) intentionality. Influential philosophers such as John Searle, Michael Bratman, and Margaret Gilbert have uncovered some of the many ways in which human activities that, on the surface, seem individualistic are in reality only possible because of the underlying social relationships and cultural conventions, norms, and institutions that support and structure them. The "deep structure" of uniquely human psychology is essentially social and cultural.

In psychology, the change is being instigated by evolutionary approaches. When looking at the evolution of the human species in comparison with that of its nearest primate relatives, it is clear that the most important differences derive from humans' unique forms of social interaction. In particular, humans seem to be much more inclined to engage in various kinds of cooperation, including unique forms of cooperative communication. This enables human groups to create all kinds of things collectively that no individual could create on its own. This applies most obviously to things such as computers and skyscrapers, but it also applies to more basic human competencies such as conventional linguistic communication and individual self-regulation via the society's moral norms.

Why We Cooperate is based on my Tanner Lectures

delivered at Stanford University in 2008. The argument here-formulated for a more general audience-is that in comparison with other primate species humans are inordinately cooperative. Young children seem to be cooperative from the beginning, and indeed adult socialization and training does not seem to have much effect. This is not to say that adult socialization is not important-it is-but only for older children; it does not create young children's generally cooperative nature that shows up both when they go to some trouble to help others fulfill their goals, and also when they collaborate with one another to achieve common goals. Much of the research reviewed in this book illustrates the unique ways in which humans are adapted for cooperation.

A Natural History of Human Thinking is aimed more at an academic audience. Its central claim is that uniquely human forms of thinking are built on a primate base-great apes do indeed think in order to solve problems-but then it goes well beyond this. What enables human thinking to go beyond general primate thinking is its incorporation of social processes. It is social and communicative engagement with others that enables humans to, for example, form perspectival cognitive representations (so that the same animal may be called either a *dog or a pet*) and to think about thinking recursively. And the norms that govern human reasoning processes, for example, not to contradict oneself directly, are norms that come from the society as a whole and, in essence, define what it is to be rational in the culture. The metaphor used to open the book is that human thinking is like a jazz musician improvising a new tune in private. It is individual activity, of course, but it is made possible by a cultural history of jazz music that has created the instruments, the basic patterns, and the audience that constitute this particular way of making music.

I am no expert, but from what I read in cross-cultural psychology, China along with many other East Asian countries are much more "collectivist" cultures than those in which I have grown up and studied. It is thus possible that many of the things I argue for in these texts are obvious to Chinese readers. But obvious or not, I only argue for their accuracy, and I hope they do provide some measure of insight into the basic processes of human social interaction and thinking, even for readers who are already steeped in collectivist ways of thinking and acting.

目　录

前　言

　　许多动物会通过社会学习的方式"窃取"同类的生存经验。个体社会学习程度上的差异使不同群体发展出了不一样的行为习惯，生物学上将其称为"文化"。从这个广义的角度来看，许多动物(如鸟类、哺乳类和灵长类)都生活在不同的文化群体当中。

　　当然，人类是文化物种中的一个范例。与原本仅生活在赤道附近的非洲或亚洲的近亲类人猿不同，人类现在已遍布全球。无论人类去哪里，他们都会创造出新的物品(artifact)和行为惯例(behavioral practice)，以应对当地的极端环境。在北极，原住民建造冰屋，在独木舟上狩猎鲸鱼；在热带，原住民建造茅草屋，使用弓箭狩猎陆生哺乳类动物。对于人类来说，虽然这些物品和行为惯例很不完善，但却至关重要。几乎没有人能在缺少相关文化群体支持的情况下在冻土地带和热带雨林生存。这表明，单个的人必须进行社会学习（包括为了交流而进行的语言学习）。与其他物种相比，人类的文化是独一无二的。

人类文化的独特性通过其具有的两个重要特征体现出来。第一个可以称为"累积的文化进化"（cumulative cultural evolution）。人类的物品和行为惯例总是会随着时间的流逝变得越来越复杂（他们具有"历史"）。个体发明了一个物品或一种方式来完成特定的任务，其他的个体就能够迅速学习。但是，如果另一个个体对其加以完善，那么每一个人包括儿童都倾向于学习新的或者完善后的版本。这就产生了文化棘轮（cultural ratchet），正如每一种行为惯例都会在群体中保持相对稳定，直到某个人提出更新的或者更完善的行为惯例①。如同人类会遗传那些具有适应价值的基因，他们同样可以继承那些代表了祖先集体智慧的物品和行为

XI

---

① Tomasello, M. , Kruger, A. , and Ratner, H. 1993. Cultural learning. *Behavioral and Brain Sciences*, 16(3)：495-511.

惯例①。到目前为止，除了人类以外，没有一种动物具有这种能够随着时间的积累而逐渐变得复杂的文化行为。

使人类文化变得独特的第二个清晰可见的特征是建立社会制度（social institutions）。社会制度是约定性规范和规则（norms and rules）限定下的一系列行为惯例。例如，所有的人类文化在婚姻问题上都有着自己的规则。如果一个人违背了这些规则，那么这个人将会受到处罚，甚至可能被彻底排斥。作为这个进程的一部分，人类实际上创造出了新的文化实体（culturally defined entities）。例如，丈夫和妻子（以及父母），具有文化定义的权利和义务［哲学家约翰·赛尔认为这个过程就是创造新的"地位功能"（status functions）的过程②］。另一个例子是，所有的人类文化都有与分享或交换食物等有价值物品相关的一套规则和规范。在交换的过程中，一些物体可能符合特定文化下货币的相

① Richerson, P. and Boyd, R. 2006. *Not by genes alone*: *How culture transformed human evolution*. Chicago: University of Chicago Press.

② Searle, J. R. 1995. *The Construction of Social Reality*. New York: Free Press.

关特征(如纸张),它们具有确定的文化角色。其他的规则和规范使群体的领导者得以产生,如首领和总统,他们具有特殊的权利和责任,甚至创造新的规则。到目前为止,除了人类以外,没有观察到其他动物具有这种类似的行为。

XIII 　　人类文化的这两种特质是合作所必需的特定的技能和动机。这在社会制度的例子中尤其明显。社会制度代表了合作性的、组织化的并达成一致的交互作用方式,包括强制不合作者的规则。地位功能代表了诸如丈夫、父母、货币和首领这些实体存在并具有权利和责任的合作协议。借鉴哲学家迈克尔·布拉特曼、玛格丽特·吉尔伯特、约翰·赛尔和拉伊莫·图梅勒(Raimo Tuomela)的著作①,我们也许将这些使独特的合作形式成为可能的潜在心理过程称为"共享意图"(shared intentionality)。共享意图包括最基本的在合作

①　Bratman, M. 1992. Shared cooperative activity. *Philosophical Review* 101(2): 327-341. Gilbert, M. 1989. *On Social Facts.* Princeton; Princeton University Press. Searle, J. R. 1995. *The Construction of Social Reality.* Tuomela, R. 2007. *The Philosophy of Sociality*: *The Shared Point of View.* Oxford; Oxford University Press.

过程中创建联合意向及共同承诺的能力。这些联合意向和共同承诺建构了联合注意和共同知识，这些都通过合作的动机构成了帮助和分享的基础①。

　　尽管并不明显，但是人类极端的合作倾向也在文化棘轮中起到了重要的作用。其中最基本的过程就是模仿学习，人类似乎采用了最忠实的传播形式，不过从本质上来说，模仿学习并不是真正的合作，而是利用。但是，另外两个基本的合作过程对于人类文化棘轮也是关键的。

　　第一，人类会主动地教授他人，即便对方与自己没有亲缘关系。教授是一种利他的形式，是以帮助为动机，个体捐献信息给他人使用的行为。尽管有一些非人类的物种能够做一些像"教"这样的事情（多数是单一行为并且是和子代一起），但是在非人类灵长类中极少有与主动指导相关的系统性和重复性的研究报告。

　　第二，人类具有模仿群体中他人的倾向，仅仅是

---

　　① Tomasello, M., Carpenter, M., Call, J., Behne, T., and Moll, H. 2005. Understanding and sharing intentions: The origins of cultural cognition. *Behavioral and Brain Sciences*, 28(5): 675-691.

为了更像他们，也就是从众（也许是一种群体认同的指标）。而且，他们有时甚至会合作性地借助群体中应与他人保持一致的约定俗成的社会规范，这种对从众性的要求得到的支持是，对抵抗者各种可能的惩罚或制裁。我们所知道的是，没有其他的灵长类会集体地创造并强制执行群体从众性规范。而教授和从众性规范都有助于文化的积累，而这种文化的积累是通过保存群体中的创新（innovations）直到进一步的变革到来而实现的。

所以，尽管其他动物的"文化"几乎无一例外的基于模仿和其他类似"剥削"过程，但人类文化不仅仅基于此，同时亦离不开基础性的合作过程。智人（homo sapiens）以一种前所未有的程度适应了文化群体中的合作式行动和思维，确实，所有那些最令人印象深刻的认知成就，包括从复杂的技术到语言和数学符号，再到社会制度，都不是个体独自行动的产物，而是个体之间相互作用的产物①。儿童成长过程中，他们通过先天具有的一类特殊文化智力参与合作性群体思维，此

XVI

① Tomasello, M. 1999. *The Cultural Origins of Human Cognition.* Cambridge, Mass. : Harvard University Press.

类文化智力包括具有物种独特性（species-unique）的社会认知技能、合作动机、交流、社会学习，以及其他形式的共享意图①。这些特殊技能起源于"文化小生境（culture niche）建构"和"基因—文化协同演化"相关过程，也就是说，它们是人类为了能够在多种自我建构的文化世界中有效活动而产生的适应机制。

　　为了解释人类的合作及文化——从慈善捐赠到语言和数学符号以及社会制度（social institutions）——我们需要多种研究方法。目前，人类的合作和文化已受到进化生物学家、实验经济学家、博弈理论论家、社会学家、文化和生物人类学家，认知、社会和进化心理学家以及很多其他领域研究者的关注。在我的研究小组中，我们选择比较研究，主要通过类比人类儿童和灵长类近亲，尤其是黑猩猩，来着手处理此类问题。相比于在成人行为和社会这类复杂体中进行考察，在这些相对简单的情境中，我们有希望将事情看得更清

XVII

---

　　① Herrmann, E., Call, J., Lloreda, M., Hare, B., and Tomasello, M. 2007. Humans have evolved specialized skills of social cognition: The cultural intelligence hypothesis. *Science*, 317（5843）: 1360-1366.

楚。当然，儿童—黑猩猩这类比较研究，亦可以同时从系统发生和个体发生角度给予我们有关人类合作的起源的启发。

我们针对儿童和黑猩猩合作的实证研究主要集中在两类基本现象上：

①利他（altruism），个体以某种方式为另一个个体做出牺牲；

②合作（collaboration），多个个体为了共同利益而一起工作。

在第一章，我总结了我们近期在儿童利他方面的研究，把焦点放在了个体早期出现的利他行为，同时也报告了一些令人感到惊讶的观察发现，如黑猩猩中存在作为演化基础的自发帮助。这里最基本的问题是：儿童出现的利他是天生的，还是文化所赋予的（文化是否在其中起了某种作用）？在第二章中，我总结了我们最近对儿童和黑猩猩身上有关合作问题解决的研究。其中，最基本的问题是如何最好地将人类和类人猿与同种成员合作的差异特征化。当然，这些差异可能源于进化，但是它们又是如何导致诸如社会规范和社会制度这类复杂的合作产物产生的呢？

第一部分

人类为什么要合作

第一章 生来助人

王子必须学会如何不那么善良。

——尼可罗·马基雅维利（Niccolò Machiavelli）

西方文明中最具争议的问题之一是：是否人生来合作并且助人，只是后来社会腐蚀了他们（e. g.，Rousseau）；又或者是他们生而自私且不给予别人帮助，后来受到社会影响而变好（e. g.，Hobbes）。如同所有的大讨论一样，两种观点无疑都有合理的地方。在这里我支持卢梭的观点，但也会增添一些批判性内容。我将以本书的两位贡献者来命名这个主题，即"先斯皮克，后德威克"假设（Early Spelke，Later Dweck hypothesis）。具体而言，我将讨论并呈现相关证据以表明从一岁左右开始——当他们刚开始走路、说话和成为真正的文化存在时——人类儿童在很多情境下（虽然很明显不是所有情境）就已经开始合作和助人。显然，这并不是他们从成人身上学到的，而是天生的（这就是斯皮克的部分）。但是，在后来的个体发生过程中，儿童这种不加区分（indiscriminate）的合作开始受到一些因素的影响，如互惠（reciprocity）可能性的判断、对群体中其他个体如何评判自己的关注等，而这些因素在人类天生合作性的演化上起着重要作用。同时，他们开始将许多文化特异的社会规范（social norms）内化，用于指导自己做事，以及作为群体一员个体应该怎么做事（这就是德威克的部分）。

对那些认为自己的孩子肯定跳过了天生的合作阶段的父母，我必须要指出的是，我们这里所谈到的合作行为是相对于其他灵长类而言的。所有能生存的有机体肯定都具有自私的倾向（streak），它们必须考虑自己的生存和福祉，否则就难以留下很多后代。人类的合作和帮助同样可以说是建立于自我利益（self-interested）基础之上的。

另外——这将是我解释中一个关键且复杂的方

面——我相信人类的利他不是一个单一特质，而是在不同领域活动中都或多或少存在的具有领域特征性的利他。我和马普研究所（Max Planck Institute）的同事费利克斯·沃内肯（Felix Warneken）提出了一个经济模型，其中囊括了人类利他的三种主要形式（基于涉及的"商品"命名）：物品、服务、信息①。物品（如食物）方面的利他是变得慷慨，与他人分享；服务方面（为他人拿其够不着的物品）的利他是助人；信息方面的利他是分享信息和对他人具有利他的态度（包括闲聊）。区分这三种利他是很重要的，因为他们的付出和收获是不同的，背后可能对应着不同的进化轨迹。

6

下面让我们通过实证数据来看看儿童和人类灵长类近亲是否以及以什么样的方式趋向这三种类型的利他。

帮　助

基本的现象很简单：14~18个月的婴儿面对那些

---

① Warneken, F. and Tomasello, M. In press. Roots of human altruism. *British Journal of Psychology.*

初识的陌生成人。这些成人遇到了一些小问题，需要婴儿帮助他们解决——如帮助他们拿取够不到的东西，又或者在他们手中拿满东西时帮他们打开柜门。在一个研究中，24名18个月大的婴儿中有22名婴儿至少帮助了1次，并且他们基本上都是立即给予帮助①。

在相关实验中，每一个实验情境都有对应的控制条件。例如，相比于意外掉落衣架，实验条件设置为成人故意扔掉衣架；又或者相比于满手拿物触碰柜子，演示者在试图做其他事情的时候碰到柜子。在这些情境下，婴儿什么都没做，这表明婴儿并不是因为喜欢拿衣架和打开柜子才产生帮助行为。

婴儿的帮助方式也是多样的。研究中，他们需要帮助成人解决四种不同的问题：拿取够不到的物体（fetching out-of-reach objects）、移除障碍（removing obstacles）、矫正错误（correcting an adult's mistake）、为某

---

① Warneken, F. and Tomasello, M. 2006. Altruisnotes tic helping in human infants and young chimpanzees. *Science*, 311（5765）：1301-1303. Warneken, F. & Tomasello, M. 2007. Helping and Cooperation at 14 months of age. *Infants*, 11：271-294. 帮助行为的相关实验视频参见 bostonreview. net/whywecooperate.

一任务选择正确的行为方式(choosing the correct behavioral)。所有的场景，对于婴儿来说都是比较新的，至少在相关细节上是新的。为了在这些情境中灵活地帮助他人，婴儿首先需要能够知觉不同场景下他人的目标，其次需要有帮助他人的利他动机。

有五个理由让我们相信帮助他人解决上述简单物理问题是人类天生的行为。第一个理由是这个行为出现的相当早——14～18个月——这时大多数父母还没有期望他们的孩子产生亲社会表现，更不用说朝此方向训练他们。但是，关于这一点仍然存在争议，因为婴儿在第一年肯定已经观察到了成人的助人行为。

8

第二个理由是父母的奖励和鼓励似乎并不能增加婴儿的帮助行为。我们在1岁婴儿每表现出一次帮助行为时就给他一个奖励，同时在每个新的实验时，成人手中都会有一个可见奖励，但是这些都没有影响帮助行为①。在一个正在进行的研究中，我和沃内肯直接

———————

① Warneken, F., Hare, B., Melis, A., Hanus, D., and Tomasello, M. 2007. Spontaneous altruism by chimpanzees and young children. *PLOS Biology*, 5(7)：e184.

检验了相比婴儿独自行动，妈妈口头鼓励是否会增加助人行为。父母们注意啦：*父母的鼓励根本没有影响婴儿的助人行为*。值得注意的是，从整体上来说，婴儿在这些研究中都倾向于帮助他人，似乎时刻处于一种帮助他人的准备状态——由此我们能够看到不同条件下的差异——在诱发帮助行为时，我们必须提供一个干扰活动。尽管如此，在大多数情况下，他们都会放下手中的活动——他们有所付出——为了帮助陷于困难中的成人。

然而，带有奖励的情境更为有趣。在最近一个多阶段（multiphase）研究中①，我和沃内肯给 20 个月大的儿童许多帮助的机会。一些儿童在每次帮助行为后被给予具体的奖励——一个他们喜欢并令其兴奋的小玩具。其他的儿童则没有收到奖励，甚至没有微笑或道谢，成人只是默默接受帮助。大多数的儿童都完成了五种场景下的帮助任务，接着他们参与第二阶段的帮

---

① Warneken, F. and Tomasello, M. 2008. Extrinsic rewards undermine altruistic tendencies in 20-montholds. *Developmental Psychology*, 44 (6): 1785-1788.

助任务，这一次，在所有条件下成人都不会有任何反应。结果很值得注意：相比于第一阶段五种场景下没有收到奖励的儿童，得到过奖励的孩子在第二阶段实际上会给予更少的帮助。

这是"过度合理化效应"（overjustification effect），被斯坦福大学心理学家马克·莱珀（Mark Lepper）和其他研究者在很多领域的活动中所证实。这一效应被认为是"行为由内部动机所引导"的证据。在由内在奖励引导的活动中，外部的奖励会破坏内部动机——他们把相关行为归咎于外部奖励。这样，对于那些已经由外部奖励驱动起来的行为，进一步的奖励并不会对它产生影响。所以具体的奖励不仅不会促进儿童的帮助行为，甚至可能破坏它。

相信婴儿不是为了奖励和取悦父母而做出帮助行为的第三个理由是黑猩猩也有同样的行为。我和沃内肯从我们最初研究的一套测验中选取十个任务，以三只人类养育（human-raised）的黑猩猩为被试做了一系列实验。结果发现，尽管没有在其他任务中表现出帮助行为，但是它们在帮助人类拿取够不到的物体的任务中表现出了帮助行为(控制条件下并没有)①。

我们意识到人类养育的黑猩猩会帮助人类可能有许多原因,毕竟人类控制着它们的世界——所以在另

11 一个研究中,我们给那些由母亲养育的(mother-raised)黑猩猩帮助别人的机会。在这个研究中,黑猩猩观看同伴努力打开房间的门,同时观看的黑猩猩从之前的经验中知道应该如何打开门。结果令人惊讶,此种条件下观察者同样会拔掉控制房门的锚定物以帮助同伴离开房间。没有证据表明它们期待任何奖励。同时它们并没有在控制条件,也就是它们是在同伴没有试图打开房门的情境下表现出这样的行为的②。这里我们的推论是,如果我们的灵长类近亲,包括那些很少与人接触的个体,都会和我们一样表现出类似的帮助行为,那就可以认为人类的帮助行为并不是因人类文化环境而产生的。

第四个理由我将一笔带过,因为相关支持数据还

---

① Warneken, F. and Tomasello, M. 2006. Altruistic helping in human infants and young chimpanzees.

② Warneken, F., et al. 2007. Spontaneous altruism by chimpanzees and young children.

在分析中。一个新的研究显示，处于更传统文化中的儿童——父母允许其自由发展，较少地进行干预——与我们研究过的处在同样帮助情境、西方中产家庭的同龄儿童相比，表现出基本相同的帮助①。 *12*

第五个也是最后一个要论述的理由是，一项最近的研究显示，共情关注在较小儿童的帮助行为中起中介作用。研究者让18～24个月大的婴儿观看一个成人抢夺并有意撕碎另一个成人即将完成的画作的场景。结果发现，每当看到这一行为，婴儿都会面带表情地看向受害者（受害者并不表现出任何情绪），而针对婴儿表情的事后单盲编码（blind coding）则一致提示婴儿产生了"关注"（concerned）。也就是说，相比控制条件下破坏者从另一个人面前拿起一张白纸并撕碎它，婴儿在实验条件下表现出了更多的关注。在另一个相关场景中，作为受害者或控制条件下的被试被夺走了玩具，之后儿童被给予机会去帮助他们，结果同样显示，相比控制条件，儿童更多地帮助受害者。重要的是， *13*受害者画作被撕之后，婴儿对其注视时间越长，对其

① Callaghan，T.，pending.

帮助倾向也越强①。基于此，我们认为，这种"关心"而非外部奖励激发了儿童的帮助。

这五个理由——早期出现、对鼓励免疫和奖励具有破坏作用、类人猿身上的深层进化根源、跨文化的稳定性、先天同情反应基础——让我们相信儿童的早期帮助行为并不是受文化或父母的社会化实践影响而产生的，而是面对他人困扰时的一种自然同情倾向的表达。我们的这一观点得到了其他实验室相关研究结果的支持：*不到一岁的婴儿就能够对助人者和不助人者进行区分*②。

14　　　告　知

尽管黑猩猩和人类儿童都会在一些情境下帮助另一个个体，但有一种特殊的帮助形式却只有儿童才具有：*提供所需信息。重要的是，它是不依赖语言的。*

---

① Vaish, A., Carpenter, M., and Tomasello, M. In press. Sympathy, affective perspective-taking, and prosocial behavior in young children. *Developmental Psychology*.

② Kuhlmeier, V., Wynne, K., and Bloom, P. 2003. Attribution of dispositional states by 12-month-olds. *Psychological Science*, 14（5）: 402-408.

人类婴儿早在12个月大尚处于前语言阶段时就已经可以通过"指"（pointing）来指示他人，黑猩猩和其他类人猿则完全不会通过"指"来帮助其他个体，因此我认为，它们不能使用任何交流形式去进行针对某事的帮助性告知。

在相关研究中，实验者设立了一个情境：让12个月大尚处于前语言阶段的婴儿观看一个成人装订白纸（中心任务），同时这个成年人还会操作另一个物体，一段时间后，她离开房间，另一个成人进来将两个物体（订书机和操作的另一个物体）移到了架子上。之后，原来的那个成人回来了，手里拿着白纸，准备继续装订，但是装订机不在她桌子上了。在她寻找的时候，她做出疑惑的姿势但是不说话。正如在工具性帮助研究中，婴儿知觉到了成人的问题，并且被激发去帮助她，在此实验中大多数婴儿会通过用手指出装订机的位置来帮助成人。同时，儿童不太可能指向另一个物体，虽然成人表演者对两者进行了相同数量的操作。当然，儿童也不是自己想要订书机，因为他们没有在成人拿到订书机之后表现出诸如发声、够取等通常的需求行为。而是一旦表演者拿到订书机，婴儿就会满意地停止指示①。在后续研究中，研究者也排除了儿童仅仅是想要看到装订动作复原这一可能的解释②。

虽然儿童一致地表现出了对指示信息的理解，但是类人猿却不行。类人猿不会为同伴指示，而当为人类指示时，也大多是为了让人类帮自己拿取食物③。确实，在所有观察到的类人猿为人类指示的案例中，它们的动机都是指令性的（命令）。这可能是因为类人猿习得了一些以人类为中心的交流（human-centered communication），且不能用于它与同类的交流，仅在与人类交流时使用，并几乎完全服务于指令目的。几年前，我和同事约瑟夫·柯博士（Josep Call）观察到如果人类需要工具（artifact）打开一个装有类人猿食物的箱子，

① Liszkowski, U., Carpenter, M., Striano, T., and Tomasello, M. 2006. 12-and 18-month-olds point to provide information for others. *Journal of Cognition and Development*, 7(2): 173-187.

② Liszkowski, U., Carpenter, M., and Tomasello, M. 2008. Twelve-month-olds communicate helpfully and appropriately for knowledgeable and ignorantpartners. *Cognition*, 108(3): 732-739.

③ Leavens, D. A., Hopkins, W. D., and Bard, K. A. 2005. Understanding the point of chimpanzee pointing: Epigenesis and ecological validity. *Current Directions in Psychological Science*, 14(4): 185-189.

类人猿会为人类指示工具所在位置①。我们可以把这解释为其对人类的指示，但是也可能是它们正在命令人类去"拿工具"。一项最近的研究直接比较了类人猿和儿童在类似情境中的指示行为，不同之处在于：在一种条件下工具用于人类为类人猿拿东西，另一种条件下工具用于人类为自己拿东西②。研究者使用了 ABA 设计，在第一阶段和第三阶段，类人猿和儿童需要为成人指示可以为他们拿东西的工具；在第二阶段，他们则需要为成人指示可以为成人自己拿东西的工具（被试没有任何奖励）。结果显示，类人猿只会在当他们会获得东西的时候才表现出可靠的指示，这与他们的指示是指令性的（拿工具）这一解释相一致。另一方面，婴儿则在两种情况下都会有指示。有趣的是，一些婴儿在成人为了自己获得奖励而想要工具时表现出了沮丧。但尽管如此，他们在实验者表现出四处张望和疑

17

① Call, J. & Tomasello, M. 1994. The production and comprehension of referential pointing by orangutans. *Journal of Comparative Psychology*, 108(4)：307-317.

② Bullinger, A., Kaminski, J., Zimmerman, F., and Tomasello, M. Su-bmitted. Different social motives in the gestural communication of chimpanzees and human children.

惑时仍会不由自主地给予指示。

也许这很令人惊讶，类人猿甚至不能把"指"当作告知方式进行理解。它们可以追随目光和指向可见物体，但是它们似乎并不能理解指示交流的意图。因此，在许多不同的研究中我们发现，当类人猿搜寻隐藏的食物，人类指示食物隐藏的位置时，类人猿并不理解，它们没有问自己为什么指示者会想要他们看那个杯子，它们没有找到这之间的相关①。这种现象出现在类人猿身上很容易理解，因为在日常生活中，它们体验不到同伴帮他们指出食物的所在——它们为了食物相互竞争——所以它们不会假定这是一种利他意图。另一方面，人类婴儿却能够理解告知性的"指"，并依据相关情境做出适宜推论，即使他们只有 12 ~ 14 个月大②。面对"指"，婴儿会问他们自己，"为什么她认为我看杯子会帮助我或者与我有关？"这种自我询问是基于类似

---

① Tomasello, M. 2006. "Why don't apes point?" In N. Enfield & S. Levinson （Eds.）, *Roots of Human Sociality*. New York: Wenner-Grenn.

② Behne, T., Carpenter, M., andTomasello, M. 2005. One-year-olds comprehend the communicative intentions behind gestures in a hiding game. *Developmental Science*, 8(6): 492-499.

哲学家保罗·格赖斯（Paul Grice）提出的合作原理一类的东西：他人尝试通过指示与自己无关而与他们的"对话者"（interlocutors）有关的事情来帮助我。在黑猩猩的世界中，它们并不能对诸如格赖斯的合作原理一类的东西进行合适的操作，因此它们不具有做出相关适宜推论的基础。

但是类人猿的警戒叫声（alarm call）和食物叫声（food call）又是怎么回事？难道它们不是通过指示意图产生的吗？总的来说，不是。当它们发现捕食者时，即使其他群体成员都在一旁看到捕食者并发出鸣叫，非人灵长类仍会做出警戒叫声；它们会在发现了丰富的食源，即便群体成员都在的情况下仍发出食物叫声。此种情境下它们发出叫声的目的不可能是通知其他个体，因为每一个个体都已经知道。实际上，无论它们做什么，都是为了自己，或是亲代的直接利益（一种可能推测是，警戒叫声是在警告捕食者它已经被发现或者召集同伴围攻捕食者，而食物叫声则是确保自己进食的时候有同伴在身边保护自己）。无论是姿势还是声音，类人猿都不是在对其他个体传递针对某事的帮助性指示①。

　　然而，人类婴儿不仅可以针对某事对他人进行帮助性指示和准确理解指向自己的指示性意图，他们甚至以合作的方式理解命令(imperative)。实际上，大多数的人类指令都不是"命令"，而是以一种更为间接的方式进行的某一愿望(desire)的陈述。例如，"给我水"常常是指"我想要一些水"。通过告诉他人我的愿望，我能够获得水，这是因为他人是如此合作，以至于仅是知道我的愿望，就会使得他们自动地想要满足它。在最近的一个研究中，一个研究者要求 20 个月大的婴儿帮她拿一块电池，其中一块电池在她面前的桌子上，另外一块则在隔壁房间的桌子上。如果儿童认为研究者的陈述是一个纯粹而简单的强制拿取命令，那么拿

　　① 有关领域的两个主要研究小组同意这一点。"听者会从信息主体处获取相关信息，但信息主体从未像人类那样有意提供信息。"(Seyfarth, R. M., and Cheney, D. L. 2003. Signalers and receivers in animal communication. *Annual Review of Psychology*, 54：145-173.) "作为对重要事件的反应，非人灵长类会发出喊叫，无论潜在信息接收者怎样看待相关情境。"(Zuberbühler, K. 2005. "The phylogenetic roots of language：Evidence from primate communication and cognition". *Current Directions in Psychological Science*, 14 (3)：126-130.)

取任何一块电池应该都可以算履行此命令；但是如果他们认为这是一个合作式的帮助请求，那么依照帮助的逻辑，只有实验者自己不易完成的任务，她才会寻求帮助，所以她应该是让他们拿隔壁房间桌子上的电池。研究结果显示，后一种假设是儿童所持有的。这也表明对于儿童来说，该命令模式有时可以看作一种基于合作逻辑的帮助请求①。

因此，类比人类婴儿和类人猿，我们可以发现他们在指示上是有差异的。相比工具性帮助，人类的"指示"彰显出人类具有的独特合作性，同时这也提示利他不是一个一般特质，而利他动机则可能起源于某些特定活动领域。在下一章我将会尝试提供一个进化假设，以解释为什么只有人类通过给他人提供所需信息来帮助他人。从个体发生角度来看，我们似乎并不能认为12个月大的人类婴儿在相关任务中表现出的亲社会信息共享是后天强化（奖励、鼓励）的结果，毕竟，他们才刚来到这个世界，分享行为表现得却已如此自然。

21

---

① Grosse, G., Moll, H., and Tomasello, M. Submitted. 21-Month-Olds Understand the Co-operative Logic of Requests.

当然，儿童不久就学会了说谎，但是这出现在几年之后，而且前提是儿童已经存在合作和信任。如果人类没有信任他人的倾向，那么说谎就不会出现。

分　享

事实上，所有的专家都会同意类人猿在资源（如食物）共享上不是非常利他。显然，相比简单的指示和帮助其他个体拿取一些东西的这类耗费能量低的操作，分享有价值的资源是一种更困难的要求。如果我们的飞机在安第斯山脉失事，并且我有一个格兰诺拉燕麦卷留在口袋里，作为人类的一员，我不太可能慷慨到分享它。尽管如此，在两类实验场景下进行的多个相对直接的比较研究中我们仍然发现，相比于我们的近亲类人猿，人类儿童在食物和有价值物体的分享上表现得更加慷慨。

首先，有两个相似的研究——一个来自我们实验室，一个来自加州大学洛杉矶分校（UCLA）——发现黑猩猩似乎一点也不关心他人会不会得到食物。在一个版本中，黑猩猩面临一个选择：拉动面前两个木板中的一个，其中每个木板的两端都分别放着一个奖励托盘，一个托盘是给它的，另一个托盘是给它隔壁笼中的同伴的，但均需拉动木板方能获得奖励——托盘中的食物。在最简单的情境中，一块木板上面向被试的托盘中有一片食物，面向同伴的托盘中则没有；而另外一块木板上则是两个托盘中各有一片食物。依据上述情境，黑猩猩拉动其中任何一块木板所消耗的能量以及所获得的奖励（一片食物）都是相同的。问题是黑猩猩是否会选择拉动那块给自己和同伴都带来食物的木板——对他们来说绝对没有多付出什么。两个研究对此问题的回答都是否定的：它们不会通过总是拉动只给自己带来食物奖励的木板而有计划地尝试去阻止对方获得食物，而是在两个木板中任意选择一个拉动，看上去它们似乎只对自己获得食物的可能性感兴趣。为了确认他们知道隔壁笼子里的同伴可以获得什么食物，这个研究纳入了控制条件：隔壁笼子是空的并且门是开着的，以便拉动木板的黑猩猩能够迅速获取为隔壁笼分配的食物。结果发现在控制条件下，它们更多时候会选择拉动两端都放有食物的木板①。研究者最近的研究表明，25 个月大的幼儿和学龄期儿童在相似范式中会更多地选择公平的选项（对应拉动两端都放有食物的木板），而非自私的选项（对应拉动只给自己带来食物的木板）②。

24　　对于上述结果，我们可能感到疑惑，因为沃内肯的研究似乎显示，黑猩猩会帮助其他个体达成工具性目标（instrumental goal），但它们怎么在不会有任何付出的情况下又不愿帮助同伴获得食物呢？我们正在进行的一项工作有助于解开这个疑惑，但截至目前，我们认为，不同实验结果的出现应该归结为采用实验范式的不同，在帮助其他个体获取食物的实验中，黑猩

---

① Silk, J. B., Brosnan, S. F., Vonk, J., Henrich, J., Povinelli, D. J., Richardson, A. S., Lambeth, S. P., Mascaro, J., and Schapiro, S. J. 2005. Chimpanzees are indifferent to the welfare of unrelated group members. *Nature*, 437: 1357-1359. Jensen, K., Hare, B., Call, J., & Tomasello, M. 2006. What's in it for me? Self-regard precludes altruism and spite in chimpanzees. *Proceedings of the Royal Society of London*, *Series B-Biological Sciences*, 273(1589): 1013-1021.

② Fehr, E., Bernhard, H., and Rockenbach, B. 2008. Egalitarianism in young children. *Nature*, 454: 1079-1083. Brownell, C., Svetlova, M., and Nichols, S. 2009. To share or not to share: When do toddlers respond to another's need? *Infancy*, 14(1): 117-130.

猩主要关注自己能否获得食物，其他个体能否获得食物黑猩猩并不关心；而在很多其他帮助的研究中，并不会涉及食物问题，所以相关觅食需要和竞争策略自然不会占据支配地位，进而导致行为上的差异。

在第二个实验范式中，我们可以很直接地观察到在黑猩猩群体中存在的食物竞争现象。艾丽西亚·梅利斯(Alicia Melis)领导的马普所的研究者们给黑猩猩呈现连着两根绳索，同时上面放有食物的木板，只有两名被试合作才能把木板拉到身边，获得食物。在之前的研究中，黑猩猩在该任务中的表现很差，值得注意的是当时为了诱发分享问题，这些研究中食物都是堆放在木板中央的。之后该团队重复了这个效应，但是他们增加了一个实验条件：给黑猩猩呈现分好的食物，一堆在木板的一端给其中的一名被试，另一堆放置在木板的另一端给另一个被试，结果发现此条件下它们成了相当熟练的合作者。这表明黑猩猩之前的较差表现似乎并不是因为他们不能在认知水平上操作该

25

任务，而是因为他们已经想到了合作后可能的斗争①。近期，沃内肯和他的团队在儿童群体中完成了一个相似的研究，儿童并不关心食物是否在这之前已经分好。他们也不总是均等地分配食物。有时个体会拿走超出自己应得的数量，但是之后他的同伴就会要求他厘清分配关系，而拿到较多食物的儿童通常也会这么做。这意味着双方仍然准备着再次尝试下一个试次，并相信他们可以解决此问题。相比而言，黑猩猩则没有这种信任。

如果是更自然的情境呢？最近的一些研究发现，野生雄性黑猩猩会同潜在盟友和配偶分享食物，但几乎可以肯定，这种分享是以物换物，而非慷慨②。如果黑猩猩被给予低质量的食物，如被人类捆绑在一起的枝叶，它们会容忍同伴分食③；然而，黑猩猩进食时的

---

① Melis, A., Hare, B., and Tomasello, M. 2006. Engineering cooperation in chimpanzees: Tolerance constraints on cooperation. *Animal Behaviour*, 72(2): 275-286.

② Muller, M. and Mitani, J. 2005. Conflict and cooperation in wild chimpanzees. *Advances in the Study of Behavior*, 35: 275-331.

③ De Waal, F. B. M. 1989. Food sharing and reciprocal obligations among chimpanzees. *Journal of Human Evolution*, 18(5): 433-459.

自然行为是与同伴分开，保持几米的距离，且只有在直接的乞求和骚扰的情况下才会被迫分享食物。与之相反，人类婴儿喜欢给别人物体——准确地说是提供物体给他们——这些物体通常是食物。但与此同时，他们也能够变得依恋物体并顽强地拒绝让别人拿走。因为没有比较研究，我们对此也不是很确定——其间的关键因素完全可能是婴儿仅仅对很多物体和食物都不是非常关心——所以，让我们暂且称其为慷慨吧。不过，在自然场景中，相比他们的类人猿"表弟"，即使很小的儿童都更乐意给予和提供物体及食物。

27

作为最后一个有关人类和类人猿之间的说明比较，我们将把目光放在亲子之间的食物分享上。作为觅食者，幼年黑猩猩需要自己觅食，有时甚至会因为食物而与它们的母亲竞争。近期的一项研究系统地观察了三对黑猩猩母子之间的食物分享。研究者记录了84次黑猩猩子女向母亲索要食物的尝试，其中50次是被拒绝的。母亲主动地将食物给子女的次数极少，大概15次。值得注意的是，当母亲确实做出了主动的食物分享时，这些分享的食物几乎100%是自己吃剩的那些相对难吃的部分，如外壳、果皮①。鉴于它们对自己的子女比对其他成年黑猩猩和不具亲缘关系的幼年黑猩猩做了更多，所以母性本能在这里起了作用。相比而言，人类母亲则会积极/大方地为自己的孩子提供优质食物及相关资源。

28

在诸如食物的资源分享上，人类儿童看上去比黑猩猩要更加慷慨。不过，需要再一次提醒的是，我强调了这仅仅是一个程度的问题。饥饿的人是不会慷慨地分享食物的，而黑猩猩的行为就好像是它们总是处于饥饿之中罢了。

互惠和规范

很少有证据显示人类儿童表现出来的三种形式的利他（帮助、指示、分享）是文化适应、父母干预或其他形式的社会化的结果。但很明显，在儿童成长的过程中，社会化确实起了重要作用。不同的个体具有不同的经验，不同的文化具有不同的价值观和社会规

---

① Ueno, A. and Matsuzawa, T. 2004. Food transfer between chimpanzee mothers and their infants. *Primates*, 45（4）：231-239.

范——这些都是有影响的。

对儿童社会世界的影响因素大概可分为两个部分。一个是儿童的直接社会经验——与他人互动、基于他人的反应和相应互动的结果学习如何与他人互动。从积极的角度来看，儿童习得了在大多数场景中进行合作和帮助，反过来也会促进别人对自己的合作和帮助，所以他们受到鼓励，沿着这个方向发展。从更加谨慎的角度来看，儿童也习得了总是合作和帮助可能导致自己被利用。

因此，经过最初混杂着自私成分的不具区分性的利他，人类儿童在成长过程中逐渐学会有区分（依据利他对象的相关特征）的利他。近期一些研究发现，儿童开始做出此类判断是在三岁左右。其中一项研究显示，如果接受者之前对自己很好或者来自同一群体，那么三岁左右的儿童被试会对其表现出更多的分享行为[1]。我们实验室的研究者在使用帮助测量时发现了一些相似的结果：这个年龄的儿童更多地帮助那些帮助过别

---

[1]　Olson, K. R. and Spelke, E. S. 2008. Foundations of cooperation in preschool children. *Cognition*, 108(1): 222-231.

30 人的人①。所以，基于自己与他人的相关经验，儿童在
生命早期就开始学习谁好谁坏。这也许并不令人感到
惊讶，毕竟，近期的观察——无论在野外还是实验
中——都记录到即使黑猩猩都会相互理毛、争斗中相
互支持、进行简单的食物分享②。

另外一类社会影响涉及文化群体的价值和规范。
儿童很少通过同他人互动的直接反馈中获得此类经验，
更多的是通过榜样、交谈和指导。典型的情况是，文
化总是尝试通过多种不同的社会规范来促进儿童的帮
助和合作：做好人、做帮助别人的好人、不要说谎、
分享你的玩具。这有其积极的一面——如果我们遵从
了社会规范，人们就会称赞我们——但是从进化的角
度来看，规范的最初功能很可能是给那些违反者以惩
罚或威胁，包括有关名誉的流言、排斥出群体、处以
31 石刑等一系列惩罚措施。儿童在某一时刻会开始意识

---

① Vaish, A., Carpenter, M., and Tomasello, M. Submitted.
Children help others based on moral judgments about them.

② Muller, M., and Mitani, J. 2005. Conflict and cooperation in
wild chimpanzees. Melis, A., Hare, B., and Tomasello, M. 2008. Do
chimpanzees reciprocate received favours? *Animal Behaviour*, 76（3）:
951-962.

到，自己也可能是他人依据社会规范评价的对象。所以，儿童尝试去影响这些判断——社会学家欧文·高夫曼（Erving Goffman）称为"印象管理"。通过这种形式的警觉，儿童逐渐发展出"公众我"（public self），这也是为什么名声是我们很多人愿意投入大量时间和精力去塑造和保护的①。实际上，社会规范以某些复杂的方式代表了特定群体的整体观点和价值观。

一篇最近发表并被广泛传播的研究报告的作者们宣称，一些非人灵长类（如僧帽猴）具有规范性的公平感②。在一个相似的关注黑猩猩的研究中，研究者发现当人类给黑猩猩一个低质量的食物（如黄瓜），它会正常地接受。但是当这个实验者显示出偏爱第二只黑猩猩，给第二只黑猩猩一个高质量的食物（如葡萄）时，那么第一只黑猩猩看到这一幕之后，将会拒绝最开始准备接受的黄瓜。作者认为，这种现象可以归因于社会比较：黑猩猩具有公平意识，它看到其他同类个体

32

---

① Dweck，C. 2000. *Self-Theories*：*Their Role in Motivation*，*Personalsty and Development.* Philadelphia：Psychology Press.

② Brosnan，S. F. and de Waal，F. B. M. 2003. Monkeys reject unequal pay. *Nature*，425；297-299.

同等条件下获得了更好的东西，所以感觉受到了不公
平待遇①。

但是来自三个不同实验室的有关僧帽猴的研究，
以及来自我们实验室的黑猩猩研究，都发现这是一个
伪装的结果，完全不依赖于社会比较。其中的一个研
究发现，仅仅是看到和期望收到葡萄就会使得黄瓜看
上去没那么有吸引力，即便没有其他的个体在其周
围②。这里并不存在社会比较，只是食物比较，所以与
公平规范没有关系。

在我们实验室的另外一项研究中，我们以实验经
济学中的最后通牒博弈范式对黑猩猩是否具有公平意
识进行了探究。在人类版本的游戏中，研究者给被试
一定数量的真钱，如100欧元，并告诉她应该分一些
给未知的同伴。这个同伴知道被试获得了多少钱，可

---

① Brosnan, S. F., Schiff, H. C., and de Waal, F. 2005. Tolerance for inequity may increase with social closeness in chimpanzees. *Proceedings of the Royal Society B*, 272(1560)：253-258.

② Bräuer, J., Call, J., and Tomasello, M. 2006. Are apes really inequity averse? *Proceedings of the Royal Society B*, 273(1605)：3123-3128.

能在随后接受被试的分配，然后双方各自拿着分得的 *33*
钱回家；这个同伴也可能拒绝接受，这种条件下双方
什么也不会得到。结果发现，虽然存在一些跨文化差
异，但迄今为止较为普遍的反应是拒绝少于 30 欧元的
低比例分配。依照理性最大化的逻辑："虽然那家伙是
混蛋，但 25 欧元总胜过什么都没有。"但是人们不会这
么做，他们拒绝低比例的分配，正如实验中被试的反
馈：这不公平。所以相关任务中分配者往往能预测到
接受者的这种观点，进而提出一个平均的分配方案。

　与之相比，在这个游戏中黑猩猩则是理性最大化
者。研究者建构了一个迷你的最后通牒游戏，游戏中
被试会面对两个托盘，托盘中放着之前被划分好了（自
己和对方）的食物。例如，在一个条件中，选项分别为
"我拿 8 个葡萄，你拿 2 个"与"我们各拿 5 个"。提议
者之后将托盘尽可能拉向自己（但只能拉动一半的距
离，剩下一半的距离需要接受者拉动），之后接受者可
以选择拉动托盘，也就是接受分配，或者拒绝。结果
发现，当存在"我们各拿 5 个"这个选项时，人类一般 *34*
会拒绝不公平的选项，如"我拿 8 个，你拿 2 个"。但

黑猩猩不是的，黑猩猩提议者总是做出自私的选择，接受者也是来者不拒，除了 0 的情况（该情况显示出它们并非任意拉动）①。同时在这个实验中，我们也没有再看到黑猩猩操作社会公平规范的证据②。

而人类却可以操作两种一般形式的社会规范（以及很多混合的变式）：合作规范（norms of cooperation）（包括道德规范）和一致性规范（norms of conformity）（包括制定的规则）。大多数的儿童研究主要考察了道德规范（moral norms），儿童会判断一个人伤害另一个人是"错误的"行为。此外，儿童也会尊重那些不涉及"伤害"的习俗规范（conventional norms），甚至学龄前儿童也理解人们经常在温度较高的日子穿短袖，并不是因为人们一定得这么穿，相反，人们在参加婚礼时穿礼服、打领带则是因为习俗规范。在婚礼上的穿着是一种由人们的期望和态度支配的社会规范（social norms），而在

---

① Jensen, K., Call, J., and Tomasello, M. 2007. Chimpanzees are ra tional maximizers in an ultimatum game. *Science*, 318(5847): 107-109.

② 类人猿对那些反社会行为有所反应，但尚不具有社会规范，他们会报复那些伤害自己（或自己的孩子）的个体，此外在选择同伴时也会避开那些非合作者.

热天的穿着则不是。重要的是，儿童不仅仅遵循那些曾遇到过的规范，而且在新的情境中他们会主动地寻求"我应该怎么做"——此情境下的社会规范和规则（social norms and rules）是什么——以便自己做出相符的行为。开学的第一天，儿童可能不知道应怎样放置进教室后想要脱掉的外套，但当他每天早上看到其他同学在坐下之前都会把脱下的外套放在衣架上时，他就会慢慢习得这就是放置外套的方式之一，进而自己也这样做①。

深层次的问题是为什么儿童遵循社会规范（social norms），诸如老师"衣服放这里"的告诫在哪里获得的权力效应？为什么人们会听从同伴所说的"这是规则"？皮亚杰继承涂尔干（Durkheim）的观点，提出了这种权力效应产生的两个主要来源：

①权威（authority），来自与成人的互动；

②互惠（reciprocity），来自与同辈的互动。

36

---

① Kalish, C. W. 2006. Integrating normative and psychological knowledge: What should we be thinking about? *Journal of Cognition and Culture*, 6: 161-178.

依皮亚杰的观点，在发展早期，儿童仅对基于权威(authority)的规范做出反应，根本上依赖于成人的强力(superior power)。所以从某种意义上说，这些规则并不是真正的规则，因为儿童本身并没有真正践行这些规则(独立的依据规则进行惩罚)，只是迫于权威被动接受。真正的基于互惠的社会规范在学龄期之后出现，儿童开始去自我中心并能够理解自己和同伴是同样的自主个体。基于互惠的规范会凭借建立在同伴之间相互尊重基础上的一类社会契约而获得约束力，所以说它们是真正的规范①。

毫无疑问，权威和互惠在儿童遵循社会规范过程中扮演了重要角色，但是近期的一系列研究显示皮亚杰的理论并不是完全正确的：*儿童不仅会主动地遵循社会规范，而且他们几乎同时也在参与践行规范*。在其中的一项研究中，研究者首先向儿童展示如何玩一个单人游戏，之后一个木偶进入，并宣布自己也要玩并且以一种不同的方式玩这个游戏。结果发现，此种

①　Piaget，J. 1935. *The moral judgment of the child.* New York：Free Press.

情况下大多数儿童会拒绝，甚至大声吵闹。儿童拒绝时的语言很清楚地证明，他们不仅仅是针对这种背离规则的行为表达个人不悦，因为他们会做出一般的、规范性的陈述，如"不是这样玩的""你不能这么做"等①。他们不仅不同意木偶以一种不同的方式玩，同时认为它这样玩是不适当的。儿童表现出的这种行为是很重要的，因为遵循规范是一回事——也许为了避免不遵循带来的负性后果——但在不涉及自身时匡扶（legislate）规范则是另一回事。

　　这个研究有两点值得注意。首先，并非如同社会互动中的"交警"，规则或规范仅起到调节作用，它们本身也在创造游戏的基本规则——之后经过学习，这个游戏变成了个体性的，而非合作性的。这表明即便对于"一个游戏应该怎么玩"这样简单的约定规范，儿童也不仅会将它看作对自己有效反应（可能是取悦强有

38

① Rakoczy, H., Warneken, F., and Tomasello, M. 2008. The sources of normativity: Young children's awareness of the normative structure of games. *Developmental Psychology*, 44（3）：875-881. See also Rakoczy, H., Brosche, N., Warneken, F., and Tomasello, M. In press. Young children's understanding of the context relativity of normative rules. *British Journal of Developmental Psychology*.

力的成人或得到一些其他的奖励)的工具性指引，还将它看作承载社会力量(独立于工具性考虑)的超个体性实体。其次，研究之初我们以为，如果想让儿童了解某一游戏既有正确的也有错误的玩法，他们应该需要看到演示者在游戏中犯错并进行相应的改正。但是这并不一定是必需的。研究显示，儿童仅仅需要观察到成人以一种直接、不带有规范性判断和语言的展示即可直接跳到最后的结论，即游戏应该怎么玩。

这些研究显示，即便儿童 3 岁左右出现的非常早期的规范也是真正的社会规范(尽管他们仍在发展)，他们的来源不只是畏惧权威或互惠承诺。尽管对社会压力(如权威和互惠)的敏感可能可以解释儿童倾向于合作和服从的原因，但是不能解释为何儿童主动地执行社会规范。儿童并没有被强迫或是被鼓励把社会规范强加给他人，那么为什么他们这么做呢？在我们的实验里，可以很清楚地知道他们不是模仿成人惩罚他人，因为他们从来没有在游戏情境中看见过成人惩罚他人或自己。如果我们充其量假定他们基于以往在类似游戏中的相关经验以某种一般方式模仿成人惩罚他人，那么不得不问为什么成人要这样做。实际上，在很多解释中，执行社会规范都被认为是一种利他行动，因为"我"试图让行为失范者改正会使群体从中获益，而这只能使年幼儿童的规范执行更为神秘。

这里需要承认的是儿童很小就已经有了一些共享意图观念，也就是说，他们是一些更大的"我们"意图性（intentionality）的一部分。我认为不加入这个额外的"我们"身份和理性维度，不可能解释为什么儿童会以一种第三方视角主动地执行社会规范，尤其是当那些规范并不是基于合作，而是基于那些具有重要意义的抽象性基本规则时①。同时，儿童看过了游戏如何玩之后，就开始单独玩耍，所以相互性在这里并没有起到作用。在这类单人的、基于规则的游戏中，唯一的规范性惩罚基础就是"我们"并不那样做。

我的观点是儿童遵从社会规范不仅仅是因为他们对权威和互惠的敏感。从很小的时候，儿童就拥有哲学家托马斯·内格尔（Thomas Nagel）在《利他可能性》

40

---

① 尽管基于其他惯例儿童可能并不能识别这种任意性，参见 Kalish（2006）.

(*The Possibility of Altruism*) 一书中提到的"社会理性"，我们可以进一步把其称为一种与他人认同，即"他是我"的态度，以及自我是群体中一员的概念导致去个性化式的"本然观点(view from nowhere)"①。这在基于共享意图的合作活动中尤其清晰，我将在下一章中详细阐述。*在共享性合作活动中，我们有一个联合目标，它创造出我们彼此之间的依赖——实际上，就是创造出一个"我们"。*如果我们正在将桌子搬到卧室，我要是直接放下它然后跑掉，就会损害我们和我们的目标。在共享性合作活动中，我个人的理性(我想要将桌子搬到卧室中，所以我应该做 X)会转换为彼此依赖的社会性理性(我们想要将桌子搬到卧室中，所以我应该做 X，你应该做 Y)。

这些研究表明，超出合作性活动范畴，儿童也会很重视与群体保持一致——无论是自己的群体还是他人的群体。最初儿童的"我们感"是基于对诸如父母、家庭、同学这种重要他人(米德的重要他人)的认同，

---

① Nagel, T. 1970. *The possibility of altruism*. Princeton, N. J.: Princeton University Press.

之后把这些重要他人泛化到基于对不同类型文化群体（米德的一般他人）认同的真正非个人的文化规范上[1]。这样，通过对规范的"任意性"本质（基于共识）[2]和独立性（他们具有的"中立人"地位，这来自任一特定个体）理解的不断加深，幼儿在社会规范的理解上变得更像成人。

42

社会规范的普遍性和它们在人类演化中具有的重要作用是很明显的。所有已经过充分研究的传统型社会都包含强大的社会规范，它们对一个人能做什么和不能做什么，甚至（或者尤其）在与生物性最相关的领域（如食物和性）都有规定。人类发展出了特定的情绪以适应规范的存在，这进一步证明规范在物种演化中具有的重要作用。内疚和羞耻的先决条件就是某些人已经内化并用于判断自我（连带情感）的社会规范，或者至少是社会判断。一种解释认为内疚和羞耻是一种

---

① Tomasello，M. and Rakoczy，H. 2003. What makes human cognition unique？From individual to shared to collective intentionality. *Mind and Language*，18（2）：121-147.

② Moral norms have a "natural" component as well. See Nichols，S. 2004. *Sentimental Rules：On the Natural Foundations of Moral Judgment*. New York：Oxford University Press.

自我惩罚，首先，使我不太可能在未来犯同样的过错；其次，向他人展示我确实会遵守规范，尽管这次没有

43 做到（在成人的研究中，如果个体犯错之后很快向外流露出内疚的迹象，那么旁观者可能更少地认为这个无意犯错的人有多么坏）。因此，内疚和羞耻是生物性情绪反应，以人类为自己建构的不同类别的规范性（或至少惩罚性）社会环境为先决条件，它们也因此可以被当作人类生物性特征和文化协同演化的很好例证①。

所以幼儿利他倾向的发展受社会化过程塑造是毋庸置疑的。他们以生来就有的帮助和合作倾向到达这一过程，之后学会选择性（对象）地帮助、指示和分享，同时他们也习得了对自己给他人留下的印象——公共的名誉和自我——进行管理，以作为影响他人针对自

44 己行为的一种方式。此外，他们还学习那些特化自己所处文化世界的社会规范，主动地尝试去了解这些规范是什么并遵循它们。他们甚至开始通过提醒他人这些规范参与其执行过程，就像在我们的研究中儿童告

---

① See Durham，W. 1992. *Coevolution*：*Genes*，*Culture and Human Diversity*. Palo Alto，Calif.：Stanford University Press.

诉他人应该怎么做，并且在自我没有做到时通过内疚和羞耻惩罚自己。所有这些不仅反映出人类对多种社会压力的特殊敏感性，也反映出涉及共享的"我们"意图性的所有活动在内的一种群体认同和社会理性。

　　所以，是霍布斯（Hobbes）的魔鬼论正确还是卢梭（Rousseau）的天使观正确？人类是天生友善还是刻薄？如同我们经常对此类包含所有内容的重大问题的回答，答案同样是两者兼有。我已经呈现了希望令人信服的实证研究证据，以表明婴儿和幼儿来到这个文化世界时就已准备好了在恰当的情境中（尽管在其他情境中会自私）帮助、指示和分享。但是当他们变得独立，就必须更有选择性，仅针对那些不会利用自己甚至懂得报答的他人产生利他行为。有趣的是，这种"先斯皮克，后德威克"的发展模式可能被当作"以牙还牙"这种著名合作策略在个体发生学上的反映，而该策略（开始利他，之后使用他待你的方法待他）对维持群体长期合作尤为有效。

　　同样重要的还有那些作为塑造幼儿的模板并传达给他们的社会规范。当儿童幼年早期逐渐发展出具有自我认同的公共人（public person）时，他们变得关注自己的公共名誉，更渴望遵循甚至执行社会规范（包括以内疚和羞耻的形式自我执行）。如同我们所主张的那样，儿童不仅会因为互惠的好处或惩罚威胁而尊重社会规范，而且从很小的时候就对合作活动中的人际间的相互依赖很敏感，而这可以看作共享意图所特有的社会理性，此外，他们重视与群体保持一致并将其视作群体认同的标志。这些不同形式的"我们感（we-ness）"是他们自己尊重社会规范以及在他人身上执行社会规范的重要资源。

在这一点上有趣的是，那些假定儿童并非天生帮助、合作并尝试通过外部的强化和惩罚使他们变成这样的成人，并不能培养出将社会规范（social norms）内化并用其来调节自身行为的儿童。许多研究显示，一种所谓的归纳式教养方式（inductive parenting）——成人与儿童交流关于他的行为可能给他人带来的影响以及合作性社会行为的合理性——在鼓励社会规范和社会价值内化上是最有效的。这样的归纳式教养之所以如此有效，是因为它正确地假设了当儿童清楚地知道自身行为会给自己和群体功能产生的效用时，儿童倾向于做出合作选择。*总的来说，儿童是生而合作的，而这也是成人试图培养儿童具有的一种倾向（因为儿童本质上也是自私的）*。

47

　　在第二章，我们将再次通过对人类与其灵长类近亲进行比较，来阐述我们如何在演化过程中发展出这么强的合作性。同时，我们将主要关注作为人类技能演化来源和共享意图（包括习俗交流和社会制度）动机的互利性合作（mutualistic collaboration），并"同时对其作为人类利他的本源"这一观点进行阐述。

第二章　从社会互动到社会制度

　　　　道德的原始场景……并不是我们对彼此做了什么，而是我们在一起共同做了什么。

　　　　　　　　　　——克里斯蒂娜·科斯佳（Christine Korsgaard）

　　利他是当代人类行为演化研究的中心问题，特别是利他起源的问题。虽然目前尚无公论，但相关的一些解释并没有明显的漏洞。该领域所面临的挑战在于，必然有某种途径保证有奉献精神的个体不必牺牲自己或后代，也必然存在对其奉献的某种补偿。从利他的

意义而言，非合作伙伴间的惩罚（包括毁坏名誉的流言蜚语）能够帮助稳定合作关系；但是，惩罚是被制裁者付出代价，从而给其他人带来好处的公益事业，因此也被称为"利他的二级问题（the second-order problem of altruism）"。同时，只有在被制裁者具有做"对的事"的反应倾向时，惩罚才可以发挥它的作用，也就是说，仅仅由惩罚所带来的威胁，并不能解释利他的来源。

在此我肯定无法解决利他的演化问题。当然这也无所谓，毕竟我并不认为它属于核心过程，也就是说，我并不认为，利他对人类合作——人类在很大意义上，在以习俗为基础的文化群体中，共同生活与经营的倾向和能力——负有主要责任。在这个故事中，利他只是一个小角色。互利共生（mutualism）才是其中的明星，即我们只有同心协力才能从中获利，也就是所谓的合作（collaboration）。搭便车（free-riding）的问题一直存在，但在大多数具体案例中，如你必须和我一起移动一块沉重的木材，搭便车这件事就不太可能真的发生，因为我们每个人的努力对于成功都必不可少，而逃避是很容易被发现的。作为附带利益，在互惠努力（mutualistic effort）的情境下，鉴于你在为我们的共同目标而努力，所以我对你的帮助（如指给你能够帮助你完成任务的工具），实际上也帮助了我自己。因此，互利共生也可能是人类利他的来源，可以说，互利共生作为一个保护性环境，使得人们得以走上利他的道路。

如果我们将一般意义上的现代类人猿，作为人类与其他灵长类间最后的共同祖先；那么，我们需要经历相当长的一段历程，才能获得标志着现代人类社会的大型合作活动和文化制度。虽然只能略述一番，但这正是我们想要尝试的事情。作为一个起始点，我们从琼·西尔克（Joan Silk）和其他人的研究中了解到，非人灵长类的社会功能大部分建立在亲属和裙带关系上，当然，在大多数案例中还要加上适量的支配性。因此，它们所表现出来的合作，很可能只是基于亲属关系或直接互惠关系。同时，我们从布赖恩·斯克姆斯（Brian Skyrms）等人从基于类人猿研究构建的人类合作模式中了解到，我们并不需要面临评估自身利益与群体内他人利益的囚徒困境。事实上，我们采取了猎鹿博弈方案，即每个人都倾向于合作，毕竟这样做能够给所有人都带来利益。然而，重要的问题在于，我们如何能够联合在一起。这是一个相当重要的问题，因为"我会如何做"完全取决于"我认为你会如何做"，这也就意味着彼此必须进行交流，并愿意充分信任对方。我将我的演化假设称为"西尔克的类人猿，斯克姆斯的人类"假设（Silk for Apes，Skyrms for Humans）。

　　从类人猿的群体活动到人类合作，需要三个基本过程。首先，也是最重要的一点，为了能够以复杂方式与他人进行协调和交流各种角色中的联合目标和劳动分工，早期人类必须发展出一些重要的社会认知技能与动机。这里，我将这些技能和动机称为共享意图。*55*　其次，在这些复杂的合作活动出现前，早期人类必须先要比现代类人猿具有更强的容忍性，更加信任彼此，特别是在食物情境中。最后，这些更加宽容、更加合作的人类，必须在群体水平上发展一套涉及公共社会规范（public social norms）和对团体角色进行道义地位分配的制度惯例。而在依次关注这三个过程之前，我们将首先对假设性进化路径的起点和终点做出一个具体的定义。

　　一个具体的例子锚定了我们进化故事的两个端点：觅食（foraging）和与之相对的购物。当人类在森林中寻找坚果作为食物时，其做法与黑猩猩是相同的。人类和类人猿都理解森林的空间布局，使用工具来提取食

56 物所涉及的因果关系，以及他们的同伴是具有目标导
向性的（the goal-directed agency）。但是，当人类开始到
超市里寻找食物时，会发生什么呢？此时，某些看起
来必然发生的事情，并不会在黑猩猩的觅食过程中发
生——因为，人类这些行为的构成过程，远远超越了
纯粹的个体认知和动机。

让我们想想下面的情境。我们进入商店，拿起一
些商品，排队结账，将信用卡递给收银员来付款，拿
上我们的商品并离开商店。如果采用黑猩猩的标准来
形容这一过程，其很可能被描述为：到某个地方，取
得物品，然后回到最初来的地方。但人类会或多或少
地在一个制度性现实（institutional reality）水平上完全不
同地理解购物。首先，进入商店，我便拥有一系列的
权利和责任：因为这些商品是店主的个人财产，所以
我拥有按照售价购买商品的权利，并且负有不偷窃或
毁坏商品的责任。其次，因为有政府负责部门的保证，
所以我预期这些商品是可以安心食用的；如果一个商
57 品被证明是不安全的，我可以控告某人。再次，金钱
的背后具有一套完整的所有人都信任的制度结构，从

而使得每个人都愿意通过这种特殊的纸进行商品交换，或者愿意在电子市场中接受信用卡消费。最后，我会因为广泛接受的社会规范而排队，而如果我尝试插队，其他人就会指责我，这不仅会使我感到愧疚，还会伤害到我的名声。当然，我还可以继续下去，继续列举所有公共场合下的制度性现实，而这些现实正是黑猩猩在觅食过程中根本不会经历到的。

　　所有这些制度现象的共同点，就是人类独有的"我们感"，一种共享意图的意识。同时，其并不仅仅来自超市、私人财产、健康部门等集体的制度性世界。或许更明确一些，这个意识甚至可以在更简单的社会互动中看到。假设你同意和我一起走去商店。然而走着走着，我突然在没有告诉你的情况下，转头往家走，留下你一个人站在那里。此时，你不仅仅会惊讶于我的行为，同时还可能很生气（或者很担心我），因此你会在回家后，将这件事情告知你的朋友们。"我们"正一起走在去商店的路上，而我或许因为自私或错乱，单方面打破了"我们"的关系。有趣的是，我可以通过说"我刚刚想起还有一些重要的事情需要做"，从而获得打破我们的"我们"关系的许可，进而避免上述"冒昧离开"事件的发生。

我们正在一起做某件事的意识——建立了共同预期(mutual expectations)，乃至权利和责任——是人类所特有的，即使在这个简单案例中亦然。其中，赛尔的研究说明了一起行动的意识是如何逐渐扩展成为各种集体意图的，这涉及类似于超市购物情境中的复杂制度，这些制度基于权利、责任、金钱和政府而存在，同时这些权利、责任、金钱和政府也因为"我们"都相信它并且照此行事而存在①。人类不仅与其他类人猿一样生活在物质和社会世界中，同时还生活于一个自己创造的制度和文化世界中，一个充满了各种道义允许的实体世界。世界的各种细节在不同人群中差异巨大，但所有人都生活在这样一种世界里。

尽管人类文化世界的许多特征与灵长类社会环境有着明显的区别，但要辨别这些特征背后潜在的心理过程是相当困难的。我们的实验室通过一些相对简单

---

① Searle，J. R. 1995. *The Construction of Social Reality*.

的情境考察类人猿和儿童在与他人合作、交流时的情况，从而研究这一问题。我将会着重于前面提到的三个过程，依次是：

①协调与交流；

②容忍与信任；

③规范与制度。

同时，为了相对单纯和专注，我选择在觅食情境 *60*中描述我们的演化故事。这是因为我相信，人类合作演化过程中的很多关键步骤，都与个体如何解决每天的面包问题有关①。

协调与交流

按照定义，若从社会性动物能够在群体中和睦生活的角度来说，所有社会性动物都是合作性的。为了对抗捕食者，大多数社会动物都会以某种群体形式觅食。在许多哺乳类动物中，为了在内群体中形成食物

---

①　有关此类观点的一个强有力的辩驳参见 Sterelny, K. 2008. Nicod　Lecture：http：//www. institutnicod. org/lectures2008 ＿ out-line. htm.

竞争或配偶竞争的联盟，个体也会和其他个体形成某种特定关系。与此同时，对于哺乳动物而言，群体间防御和对抗捕食者也是一种群体活动。黑猩猩和类人猿或多或少都会参与这些群体活动中，所以我们的问题就是，它们的集体活动与人类的合作形式有什么异同？

61　　首先，在"共同合作活动"（shared cooperative activities）①中，合作者必须能够对彼此的意图状态做出反应。但在此最低要求之上，还有两个关键特征：

　　①参与者们有一个联合目标（joint goal），即我们[在共有知识（mutual knowledge）中]一起做某事；

　　②参与者协调他们的角色——他们行动的计划和辅助计划，包括帮助另一个需要帮助的角色，彼此相互依赖。建立一个联合目标，其本身构成了一种合作问题，因此可能需要某些特定的交流形式②。

　　黑猩猩在野外所参与的最复杂的合作活动，就是

　　①　Bratman，M. 1992. Shared co-operative activity. Gilbert，M. 1989. *On Social Facts.*

　　②　Clark，H. 1996. *Uses of Language.* Cambridge：Cambridge University Press.

它们在位于科特迪瓦的塔伊森林里捕猎红疣猴(red colobus monkey)的过程。它们拥有一个共同目标(shared goal)，并且会在捕猎过程中分别扮演互补角色。其中一个称为"驱赶者"(the driver)的个体在一个特定方向上追逐猎物；而另一个则称为"阻击者"(blockers)的个体，爬到树上并阻止猎物改变方向。此后，一个"伏击者"(ambusher)移动到猎物前面，防止其逃跑①。当然，当捕猎过程经由语言描述呈现出这些复杂角色时，该过程似乎真的是一个合作活动：毕竟互补角色暗示着一个联合目标。然而，此处问题在于，这样的词汇描述是否合适？

我相信还有更适于描述该捕猎过程的方法。当一只雄性黑猩猩开始在树上追逐猴子时，该区域中其他一些黑猩猩(它们对于捕猎成功非常重要)便随之理解了这一行为，此时捕猎活动便开始了。在这个过程中，其他黑猩猩会在任意特定时刻，依次选择合适的空间

---

① Boesch, C. 2005. Joint cooperative hunting among wild chimpanzees: Taking natural observations seriously. *Behavioral and Brain Sciences*, 28(5): 692-693.

位置，展开追捕。一只黑猩猩负责阻挡逃跑的猴子，另一只负责阻截其他可能的逃跑路线，而其他的黑猩猩则留在地上，以防猴子从树上掉下来。在这个过程中，不存在任何先前的联合目标、计划或者角色分配，每个参与者都尝试最大化其自身成功捕获猎物的概率。这种捕猎活动明显是一个有些复杂的群体活动，在围捕猎物的过程中，每个个体都会对其他个体的空间位置做出反应。虽然狼和狮子也会这样做，但大多数研究者都不会将这些行为归因于任何形式的联合目标或计划。类人猿并非以"我们-模式"（We-mode），而是以"我-模式"（I-mode）参与群体活动①。

与黑猩猩以"我-模式"进行的群体活动相反，刚刚出生不久的人类儿童会与伙伴以"我们-模式"建立联合目标。这一观点在比较研究中得到了证实。沃内肯等人比较了14～24个月的儿童和三只人工养育的少年黑猩猩在四种合作活动中的表现：其中，两个是涉及具体目标的工具任务；另外两个则是除了进行合作游戏

① Tuomela, R. 2007. *The Philosophy of Sociality*：*The Shared Point of View*.

外，不涉及任何具体目标的社会游戏。任务要求成人
同伴在某一时刻停止参与任务，以考察被试对于成人
承诺参与联合活动的理解情况。结果明确一致地表明，*64*
黑猩猩对社会性游戏没有表现出任何兴趣，基本上拒
绝参与该游戏。另一方面，在问题解决任务中，黑猩
猩的行为表现几乎与人类一致，即他们通常能够很好
地完成任务要求。然而，当人类同伴停止参与活动时，
即使黑猩猩具有极高的目标完成动机，也没有任何一
只尝试通过交流使人类同伴重新参与到活动中。这表
明，它们还没有与人类同伴建立联合目标。相反，人
类儿童在社会游戏和工具任务中，表现出相同的合作
性。事实上，他们有时会采取将奖励重新放回任务仪
器并重新开始活动的方式，将工具任务转变为社会游
戏；相比于工具性目标，合作活动本身会获得更多的
奖励。最重要的是，当成人停止参与活动时，儿童会
通过交流积极地鼓励成人重新参与到任务中。这表明 *65*
儿童已经与成人建立了共同目标，因此他们现在希望

成人重新兑现承诺①。

　　另外两个实验来自我们实验室的研究，进一步说明了儿童致力于联合目标的能力。第一个实验任务中，只有双方都获得奖励的情况下，合作活动中的伙伴才能得到满足：只有伙伴双方都获益，联合目标才能实现。研究者要求两名 3 岁的儿童共同努力，分别抬着木杆的两端，将之抬放到一段阶梯状装置的顶端。木杆两端放有装着奖励代币的碗，得到代币后就可以在几米外兑换奖励。该任务中的一个实验处理在于：其中一个儿童可以通过阶梯上一个由树脂玻璃覆盖的洞提前得到奖励代币。然而，为了让另一个儿童也能获得奖励，提前获得代币的儿童，还需将木杆向上再抬一个台阶。结果发现，虽然一些幸运的儿童会先去兑换奖品，但随后他们会重新回到阶梯上，与同伴合作走完最后一阶台阶，以确保自己的同伴也能获得奖励。另外一些幸运的儿童，甚至会在兑换奖品之前，就帮

66

---

① Warneken, F. and Tomasello, M. 2006. Altruistic helping in human infants and young chimpanzees. Warneken, F., et al. 2007. Spontaneous altruism by champanzees and young children. 合作行为的相关实验视频参见 bostonreview. net/whywecooperate.

助并且等待那些尚未得到奖励的同伴。总体来说，与仅涉及帮助他人而不需要合作的控制情境相比，在实验情境中，大多数儿童似乎都会忠诚于彼此间形成的联合目标，即完成任务使得双方都能获得奖励①。

在第二个实验任务中，研究者让成人和儿童完成一个具有明确的联合承诺的合作活动。成人会提出一些类似于"嗨。我们来玩游戏吧。好吗?"的邀请。只有当儿童明确表示同意时，双方才能一起游戏。在控制条件下，儿童会自己开始游戏，而成人则在未受邀请的情况下加入游戏。在上述两个条件下，成人都会在游戏过程中毫无理由地停止参与活动。3岁儿童(而非2岁儿童)会依据他们是否和成人已经做出过明确的承诺，进而表现出不同反应。如果成人已经做出明确承诺，那么儿童就会更苛刻地要求成人重新参与到活动中——毕竟，两个人都已经同意一起游戏了。此外，在该过程的另一个变式中，当研究者将儿童从共同活动(shared activity)中吸引开(通过在房间另一侧设置一个更加有趣的游戏)时，相比于其他儿童，那些曾经和

_67_

① Hammann, K., et al. (ongoing).

成人做出过明确承诺的儿童，更可能会在对成人做一些类似于说些什么安慰她、递给她一个玩具，或者在离开前看看她的脸等行为后，才从成人身边离开①。因为他们知道，这样做会打破之前做出的承诺，所以会尝试通过提前告知来缓和打击。

除了联合目标，一个完整的合作活动还需要进行劳动分工，以及需要每个伙伴都能互相理解他人的角色。在另一个研究中，研究者让大约 18 个月大的年幼儿童参与到合作活动中，并要求他们在下一轮活动中交换角色，强制其扮演一个从未扮演过的角色。结果发现，即使是这些这么小的孩子也能轻易地适应新角色。这表明，在与成人进行的最初的联合活动（joint activity）中，他们已经能够理解成人的视角和角色②。

---

① Gräfenhein, M., Behne, T., Carpenter, M., and Tomasello, M. In press. Young children's understanding of joint commitments to cooperate. *Developmental Psychology*.

② Carpenter, M., Tomasello, M., and Striano, T. 2005. Role reversal imitation in 12 and 18 month olds and children with autism. *Infancy*, 8(3): 253-278.

三只人工养育的黑猩猩并没有以同一方式反转角色①。我们的解释是，人类婴儿的这种从"鸟瞰"（bird's-eye view）视角理解联合活动的角色反转信号，与联合目标、互补角色（complementary role）全部存在于一个单一表征形式之中（与内格尔的"本然观点"相似）。相反，虽然黑猩猩会从第一人称视角理解自己的行为，并从第三人称视角理解同伴的行为，但是，它们并没有一个关于活动和角色的鸟瞰视角。因此，从参与者双方的视角出发，人类合作活动是通过一般化角色来执行的，该一般化角色由包括自己在内的任何一个人承担。一些哲学家称其为"中立于行动者的角色"（agent-neutral roles）。

当个体在合作活动中对自身及他人活动进行协调时，同样也会对他们的注意进行协调。事实上，在儿 *69* 童发展研究中，最早的合作活动经常被称为"共同注意活动"（joint attentional activities）。大约在 9 个月的时

① Tomasello, M. and Carpenter, M. 2005. The emergence of social cognition in three young chimpanzees. *Monographs of the Society for Research in Child Development*, 70, no. 279.

候，婴儿开始和成人一起进行一些类似于推球和堆积木的涉及简单联合目标的活动。当儿童玩耍时，他们会监控成人及成人的注意力，而成人也会监控儿童及儿童的注意力。虽然尚不知如何更好地描述该监控中潜在的无限递归（infinite recursion），但其似乎是婴儿经验的一部分——以某种初期的形式——在一岁前就已经开始。然而，注意环路是因其最初具有一个共同目标而得以产生的观点可能是最好的解释。如果我们都了解彼此间具有一起制作工具的联合目标，那么我们要想了解他人的注意所在，就会相对简单，因为我们的注意点是相同的：关注着与我们目标相关的事物。在随后的生活中，婴儿就可以在没有共同目标的情况

70 下进行联合注意了。例如，一声巨响会同时引发婴儿和成人的注意，这就是被我们称为自下而上的联合注意，因其由一个注意捕获事件开始。但从个体发生和种系发生的角度来看，最初的联合注意仅仅发生在具有联合目标的情境中，也就是我们称为自上而下的联合注意，因为行为者的目标决定其注意。

在合作活动中，参与者们不仅会共同注意到涉及

联合目标的事务，他们每个人也都会有各自的视角。的确，视角的全部概念，首先取决于一个联合注意焦点（joint attentional focus），然后我们才可能有各自不同的视角（否则我们看到的将是完全不同的事物）。双水平注意结构（dual-level attentional structure）——在一个较高水平上进行共享注意焦点，再在一个较低水平上分化为不同视角——直接对应来自合作活动本身（与独立角色共享目标）的双水平意图结构（dual-level intentional structure）①。

　　联合注意中的视角在人类交流中扮演着重要的角色。举例而言，设想一个 1 岁儿童的实验：成人进入房间，以适当距离看着房间另一侧的一个复杂玩具，说"噢！酷！看那个！"对于部分儿童来说，这是他们第一次遇到这个成人，所以他们会假设该成人只是在对第一次看到的玩具做出反应。而对于其他儿童来说，他们此前就已经和成人一起玩过这个复杂玩具了。因此，该玩具不再是一个新鲜事物，而成为他们共同基

71

---

①　Moll，H.，and Tomasello，M. 2007. Cooperation and human cognition：The Vygotskian intelligence hypothesis. *Philosophical Transactions of the Royal Society B*，362（1480）：639-648.

础(common ground)的一部分。在这种情况下，儿童会假定成人并非在谈论整个物体，毕竟一个人不可能激动夸张地和另一个人谈论双方早已熟悉的事物。此时，儿童会假定成人要么是对其他一些物体，要么是对这个玩具的其他某些方面表现出激动情绪①。

但是，在若干实验研究的基础上②，所有结果都指出，类人猿并不会参与到联合注意中。虽然大量数据表明，黑猩猩知道它的同伴看到了猴子③，但并没有证据表明，黑猩猩知道它的同伴看到它看见了猴子。这也就是说，并没有证据表明类人猿能够进行一级的递归读心(one step of recursive mind reading)(如果你们允许我这么命名的话)，这种递归读心是所有形式的共有概念的认知基础。像我们假设的那样，如果产生所谓

① Moll, H., Koring, C., Carpenter, M., and Tomasello, M. 2006. Infants determine others' focus of attention by pragmatics and exclusion. *Journal of Cognition & Development*, 7(3): 411-430.

② Tomasello, M., and Carpenter, M. 2005. The emergence of social cognition in three young chimpanzees.

③ Call, J., and Tomasello, M. 2008. Does the chimpanzee have a theory of mind: 30 years later. *Trends in Cognitive Science*, 12(5): 187-92.

的共有知识、共同知识/常识（common knowledge）、联
合注意、共有认知环境（mutual cognitive environment）、
主体间性（intersubjectivity）等概念的第一步，是进行具
有联合目标的合作活动；那么，类人猿之所以不能和
他人建立联合注意，是因为它们一开始不会参与到具
有联合目标的活动中①。在我们进行的一些关于类人猿
的合作行为的研究中，他们从未为了建立联合目标和
联合注意，尝试进行任何明显的交流；相比于此，为
了形成联合目标和联合注意，以及协调活动中的若干
角色，人类儿童则会参与到各种言语和非言语交流中。

　　基于此，人类的合作交流（cooperative communica-
tion）首先会在合作活动中演化形成，因为这些活动为
共同话题（joint topic）提供了所需的共同基础，并且形
成了合作动机（cooperative motives）——格赖斯（Grice）②
认为后者对于推论机制（inferential machinery）的正常运
作至关重要。再次设想一下人类最基础的独特交流行

73

　　①　Tomasello, M. 2008. *Origins of Human Communication*.

　　②　Grice, P. 1975. Logic and conversation. In Cole, P. and Mor-
gan, J., (Eds.), *Syntax and Semantics：Vol. 3. Speech Acts. New York：
Academic Press.*

为——指示手势（the pointing gesture），脱离了共享情境（shared context），指示没有任何意义。但如果我们正在合作活动中（如采集坚果），那么指示手势很多时候就立刻具有了明确的意义（如这里有一个坚果）。像维特根斯坦首先提出的那样，我可能指向一张纸，指向它的颜色、形状或者其他任何方面，这依赖于交流行为所处的生活方式（lebensform）①。与生活方式——或许，合作活动可能作为一个原型（prototype）——之间建立的联系将指示动作置于一个共享的社会实践（shared social practice）中，这使得空洞的指示有了意义。如果没有这个基础，传统交流所使用的"随意的（arbitrary）"言语符号只是噪声（noise）。只有当人类在合作活动中发展出合作交流的方式之后，他们才能开始脱离这些活动进行合作交流。

总而言之，人类合作活动的物种独特的结构（species-unique structure）包含每个角色的联合目标，这些个体角色通过联合注意和个体视角（individual perspec-

---

① Wittgenstein，L. 1953. *Philosophical Investigations*. Oxford：Basil Blackwell.

tives)得以协调。用斯克姆斯的猎鹿博弈来说，就是人类为了参与这些具体的互惠利益活动，逐步形成的相应技能和动机①。合作交流的技能和动机，与这些合作活动一起协同演化，因为合作交流不仅依赖于这些合作活动，同时还有助于促进联合目标的共同建构(co-construct)，以及不同角色间的协调。我的假设是，我们如今在儿童中观察到的具体的合作活动类型，很大程度上代表了人类演化过程中最早的合作活动类型。像合作捕猎或者合作采集水果等活动其实具有相同的基础结构，毕竟在这些活动中，每一个体都会帮助另一个体爬到树上，以获得双方之后可以共同享用的食物。事实上，我相信这些技能和动机是在一系列合作觅食的生态环境中发展出来的。人类处于合作采集食物的选择压力之下——以其灵长类近亲所不能的方式——成为了负有责任的合作者②。

如果还需要比行为、认知观察和分析更具说服力

①　Skyrms，B. 2004. *The Stag Hunt and the Evolution of Social Structure*. Cambridge，U. K.：Cambridge U. Press.

②　参见 Sterelny，K. 2008. Nicod Lectures：http：// www. institutnicod. org/lectures2008_ outline. htm.

的证据，我们可以考虑一下人类拥有的一个不寻常的且与合作具有潜在关联的生理学特征。所有 200 多种非人灵长类基本上都拥有黑眼睛，以及几乎不可见的巩膜（sclera），通常称为"眼白"。人类的巩膜（如可见的部分）大约是其他非人灵长类的 3 倍，这使得人类的注视方向更容易被他人觉察。最近的一个实验表明，在跟随他人注视方向时，黑猩猩几乎全部依赖于头部朝向所提供的信息，即使在实验过程中主试是闭着眼睛的，它们也会追随主试的头部方向变化；而人类婴儿则主要依赖于眼睛的方向，也就是说，即使主试的头保持不动，他们也能够追随主试眼睛的方向变化①。从演化角度来说，很容易想象为什么能够轻易追随我的视线方向对你来说是有益的（例如，监视远处的捕食者和食物）。但是，大自然不能仅仅因为你有所收益就选择我的眼白大小，其中至少也要对我有益处（或至少没有不利影响）。在所谓"合作眼"（cooperative-eye）假

① Tomasello, M., Hare, B., Lehmann, H., and Call, J. 2007. Reliance on head versus eyes in the gaze following of great apes and human infants: The cooperative eye hypothesis. *Journal of Human Evolution*, 52(3): 314-320.

设中，我的团队认为，只有在他人不会对我造成伤害的合作性社会环境中，才能演化出这种特征，让所有人都能看到我的视线方向。因此一个可能的解释是，能够促进追踪他人视线能力发展的眼睛从合作性社会群体（cooperative social group）中逐步演化而来，而在这些群体中，监控彼此的注意焦点对于每个人完成联合任务都是有所助益的。

宽容与信任

77

这里，我将合作活动视为很多人类独特品质的关键。但在一个演化故事中，合作活动实际上构成了一个中间步骤；在此之前，早期发展为复杂的合作活动演化铺设了道路。我们曾经谈到过的合作中的进展，没有任何一个动物可以在终日争斗中逐步演化：在我们围绕食物展开的故事中，最初一定会有宽容和信任的出现，从而将我们的祖先置于一个可以对复杂合作技能进行选择的位置上。

关于社会性的标准演化解释认为，动物具有社会性是为了避免被捕食。通常，防御在群体中最好实现。

当不需要保护时，个体则会更倾向于自己寻找并获取食物，因为这样它们就不再需要和其他个体不断地竞争食物了。当食物分散时，一般不存在问题：羚羊在肥沃的平原上平静地吃草，它们为了自身安全而聚集在一起。但当食物以丛状出现时，支配性（dominance）就抬起了它丑陋的头颅。当一个灵长类种群发现一棵挂满果实的树时，通常会同时出现攀爬和竞争的情况，而且在进食的时候，个体会与他人至少相隔几米远。食物资源成群分布的样例就是被捕食的动物。对于单独的捕猎者而言，捕食猎物当然不会出现竞争相关的问题。但对社会性肉食动物（如狮子和狼）来说，群体猎杀就会带来如何分享战利品的问题。可行的解决方案就是猎物的尸体要足够大，即使某些个体得到的多些，也仍然能够保证每个个体得到充足的食物。在实际只有一个个体完成最终捕杀的情境中，猎杀者必须允许其他个体接近猎物尸体，因为尝试阻挡任何一个竞争者，都意味着将猎物丢给了其他个体，这就是被称为食物分享的"容忍偷窃模型"（tolerated-theft model）。

黑猩猩主要依靠果实和其他植物生存。果实倾向 *79*
于松散地成群分布，是相当珍贵的资源，所以会激发
黑猩猩之间的竞争。但是，也会有黑猩猩参与到前面
提到过的群体捕食红疣猴的觅食活动中。正如前面指
出的那样，这种群体捕食看上去好像是真正的具有联
合目标和劳动分工的合作。当猴子被捕获后，捕猎者
会比其他没有直接参与捕猎的旁观者得到更多的猎物。
这支持了在一个联合目标下平均分配战利品的观点①。
但是，最近的研究则提出了其他观点。首先，在可能
的情况下，那只实际上捕杀了猎物的黑猩猩，会立刻
尝试避免其他个体偷走猎物，或者通过爬到树枝末端
以期能够限制其他黑猩猩靠近。但在大多数情况中，
猎物的拥有者不太可能成功地储藏食物，而且很可能
会被开始拉扯食物的乞食者包围。此时，食物所有者
通常会允许乞食者得到一些猎物；同时，研究者的定
量记录发现，这种慷慨的赠与行为是对乞求和骚扰的 *80*
直接反应：乞食者乞求、骚扰的越多，它获得的食物

① Boesch，C. 2005. Joint cooperative hunting among wild chimpanzees：Taking natural observations seriously.

就会越多。尖声大叫的骚扰，可能被认为是骚扰者打斗意愿强烈性的一个指数，而在该打斗意愿中，至少有一部分可能来自捕猎的兴奋性。当然还存在其他有关的可能性，即哪怕是不成功的捕猎者也会比迟到者获得更多的肉，因为捕猎者是第一个到达猎物尸体周围并乞食的，而迟到者则被归入第二环中①。

在第一章中提到的梅利斯的研究正支持了这种对黑猩猩集体捕猎现象的解释。回想一下，研究者向两只黑猩猩呈现它们无法获得的食物，而该食物只有通过两只黑猩猩分别同时拉动绳子（与一个放有食物的平台相连）的两端才能获得。最重要的发现是，当有两堆食物分别放在每个被试前面时，黑猩猩就会同步良好地拉动绳子，即成功完成。然而，当只有一堆食物放在平台中间，使得最终分配困难时，两者的合作就会彻底土崩瓦解。一般来说，黑猩猩对于食物具有较高的竞争性，它们只有在战利品分配问题得到妥善处理

___

① Gilby, I. C. 2006. Meat sharing among the Gombe chimpanzees: Harassment and reciprocal exchange. *Animal Behaviour*, 71（4）: 953-963.

的情况下，才能协调同步活动。相比于黑猩猩，我们另一个更具合作性的近亲——倭黑猩猩（bonobos），在上述实验中会有怎样的表现？结果表明，它们只在分享成堆食物时，表现出了一点容忍，但并不是那么多①。

采用同样的方法对儿童进行考察，结果发现，成堆食物并没有影响到他们的表现。事实上，他们在几乎没有争吵的情况下，找了多种分配方法（我猜我应该注明这些儿童中没有任何一对是兄弟姐妹）。有趣的是，儿童有时会在这个情境中就公平问题向另一个孩子发起挑战。在某个实验试次中，一个儿童拿走了双方一起拉绳子获得的所有糖果。此时，被剥夺糖果的儿童会质疑，而那个贪婪的儿童则会马上变得宽厚起来。相比而言，在两个儿童公平分享糖果时，研究者并没有观察到任何疑问。

采用上述实验任务，大量研究已经广泛地考察了

82

① Hare, B., Melis, A., Woods, V., Hastings, S., and Wrangham, R. 2007. Tolerance allows bonobos to outperform chimpanzees in a cooperative task. *Current Biology*, 17（7）：619-623.

各种类型的集体行动问题（collective action problems）。例如，要求被试们拉拽一块放有两堆奖励的木板，但在一些条件下，两堆奖励食物分配得极度不平衡（例如，我有五个而你只有一个，或者我有六个而你一个也没有）。在奖励分配不再公平的条件下，合作就会在一段时间后土崩瓦解。这正是黑猩猩经历的事。在提供帮助却没有获得奖励的一个或两个试次后，不幸运的黑猩猩就会拒绝继续提供帮助，从而使任务失败。通常而言，最终获得食物的个体不会做出分享行为，从而阻断了进一步合作的发生。这里的假设是，为了在此后的试次中能够继续保持合作，儿童会找到若干个更为公平的奖励分配方法。

这些研究都表明，人类与黑猩猩的食物竞争强度明显不同。为了能够发展出与合作活动相关的复杂技能和动机，同时让所有人都能够受益于该合作活动，人类必须进行的初始步骤，就是打破类人猿模式，即激烈的食物竞争，对食物分享的低容忍，以及根本不分享食物的模式。对黑猩猩而言，在"大尸体"的情境下进行合作相对容易，因为在这些情境中，每个个体都有可能捕捉到猴子，即使是不成功的参与者也可以通过骚扰捕食者，从而分得猎物。但是，当捕猎者明知成功捕获猎物会不可避免地引发关于战利品的竞争时，它们又如何能够产生关于捕捉猴子(在人类意义上)的联合目标呢？

有许多演化假说都阐述了使人类对食物变得更加具有社会容忍性和低竞争性的情境。事实上，我们完全可以描述一个觅食情境中的故事，以至于当合作演变为义务(obligatory)时，那些已经对食物具有低竞争性，对他人具有高容忍性的个体，自然就会具有其适应性优势(adaptive advantage)(假设他们能够像斯克姆斯解释的那样达成共识)。

我们也可以猜测，从狩猎—采集社会(hunter-gather societies)倾向于主张平等开始，恃强凌弱者通常会被排斥或者杀死，人类则经历了一种自我驯化过程，在该过程中，那些异常好斗和贪得无厌的个体就会被群体清除出去①。

84

---

① Hare, B. and Tomasello, M. 2005. Human-like social skills in dogs? *Trends in Cognitive Science*, 9 (9): 439-444.

最后，我们可以论证一下被称为合作繁育（cooperative breeding）或合作抚育（cooperative childcare）的重要性。有一个令人震惊的事实是，除人类外所有的类人猿物种中，母亲基本上会提供100%的幼儿抚育。而在人类中，无论传统社会还是现代社会，这个平均数仅接近于50%。在《母亲和他人》一书中，萨拉·赫尔迪（Sarah Hrdy）认为，人类的觅食途径差异以及两性间一夫一妻制关系所导致的社会情境的变化，引发了人类独特的亲社会动机①。

当然，上述场景可能都发挥了各自的作用。重点在于，在人类从类人猿演化而来的过程中，有一些涉及经验的情绪、动机方面的初始步骤，促使人类进入一个新的适应空间中，而正是在该适应空间，人类选择了合作活动所需的复杂技能、动机和共享意图。

当我们参与互利合作活动（mutually beneficial collaborative activity）时，当我通过向你提供实际帮助或有效信息以帮助你完成任务时，其实也在帮助我自己，

---

① Hrdy, S. 2009. *Mothers and others.* Cambridge, Mass：Harvard University Press.

毕竟你的成功对我们共同的成功至关重要。因此，互利行为为利他动机演化的初始步骤提供了一个保护环境。此后，能够使个体将他们的帮助态度扩展到该保护环境之外的条件，就必然会逐步发展出来。为了解 *86* 释随后的演化步骤，我们必须求助于通常的猜想：*互惠和名誉在前带路，惩罚和社会规范则紧随其后。* 那么在互利活动（mutualistic activities），以及在其他灵长类中作为保护环境存在的亲缘选择情境以外，独立产生利他动机即使并非完全不可能，也将会极度困难。但是，将早已存在的动机推广到新的个体和环境中，并不那么像是演化问题。如果正确条件出现，认知和动机机制就已经等候在那里了。

规范与制度

如果我们按照演化故事来考虑，那么此时此刻，我们将得到一个比现代类人猿（modern-day great apes）更加容忍、信任彼此，并且在共享意图和合作方面具有更强技能和动机的人种（hominid）。但是，为了让画面完整，为了能够从觅食过渡到购物，我们需要一些 *87* 群体层面的过程，特别是我们需要社会规范和制度。

就像我在第一章里讨论的那样，如果社会规范意味着社会公认且双方熟知其承担有社会力量（social force）的预期是由第三方进行监控并执行的，那么，我认为类人猿并不具有任何的社会规范。但在最近的研究中，我和同事们记录到了灵长类祖先的两种相关行为。在互利的拉平板（pulling-a-plank）任务的另一个版本中，我们为黑猩猩提供了一个选择合作伙伴的机会。研究者通过先前的测试了解到，其中一个是非常好的合作者，另一个则表现得非常差。类人猿被试很快就能够区分两者，而且它们会避免选择表现较差的合作者①。当然，被试只是简单地试图在合作活动中使自身收益最大化，并没有想要惩罚较差合作者的想法。但是，这样一种被称为"生物市场（biological market）"的选择，也是有助于阻碍较差合作者的选择，毕竟这些表现较差的合作者会被排除在有利机会之外。因此，这样的排斥似乎就可以看作惩罚的先驱了。

我们实验室的另一个研究发现，如果一只黑猩猩

---

① Melis, A., Hare, B., and Tomasello, M. 2006. Chimpanzees recruit the best collaborators. *Science*, 311（5765）：1297-1300.

从另外一只那里偷取食物，那么受害者将会通过阻止小偷持有或者摄食来反击。但从目前已有研究来看，我们尚未亲眼看见作为一个观察者的黑猩猩有任何可以与之比较的行为。个体不会尝试阻止从他人处偷取食物的小偷享受其战利品（或者给予任何其他种类的负性制裁）。虽然我们做出了不断的努力，但是并没有观察到任何第三方的惩罚。虽然，排斥（excluding）和反击（retaliating）这两种类人猿行为可以用来阻碍群体成员中的反社会行为，但是这两个情境中并没有应用到任何一种社会规范，更不涉及来自第三方立场的中立于行动者的观念①。

与之相反，尽管很多规范都是混合物，但人类执行着两种基本类型的社会规范：*合作规范（包括道德规范）和一致性规范（包括制定的规则）*。

从历史上推测，合作规范可能源自个体在利己或互利中处理日常业务的情境，而两种情境以某种方式

89

---

① Jensen, K., Call, J., and Tomasello, M. 2007. Chimpanzees are vengeful but not spiteful. *Proceedings of the National Academy of Sciences*, 104(32): 13046-13050.

撞到一起。共同预期产生于我们尚不清楚的过程，或许个体尝试诱导他人做出不同表现①，又或许他们同意按特定方式平等地来表现，进而达到某种均衡的结果。当该均衡结果受到互相认可的行为预期管理时，即所有个体都配合执行时，我们才可能开始将其称为社会规范或规则。

在所有社会科学中，最基本的问题之一就是：这些合作规范从何而来？如何运作？当然，我不会假装自己对此有任何本质上的新答案。我只是认为，如今儿童所参与的合作活动类型是各种合作社会规范的天然摇篮。这是因为他们包含了两个关键组成成分的种子。首先，社会规范具有效力。虽然其可以来自对规范违背者的惩罚威胁，但是规范也具有一个理性维度。在互惠合作活动中，我们都知道需要依赖彼此来达成我们的联合目标。这就基本上将理性行为[为了成就这个目标，我需要做 X（所有认知指导体系的特征）]的个体规范性（individual normativity）转变为一种联合理性行

---

① Knight, J. 1992. *Institutions and social conflict*. Cambridge, U. K. : Cambridge University Press.

为(joint rational action)(为了成就我们的联合目标，我
需要做 X，你需要做 Y)的社会规范性(social normativi-
ty)。如果你不做 Y，你的行为就成了导致我们失败的
原因，而我就会对你生气。如果我没有完成我的部分，
我们再次失败了，在这种情况下，我就会对你的困境
感到同情(并且可能对自己生气)。因此，合作规范的
力量来自我们共同认识到的相互依存性，以及我们对
自身和其他人失败的自然反应。

即便如此，社会不赞同(social disapproval)仍然不
是一个合作的社会规范，因为其缺少了第二个关键组
成成分：一般性(generality)。按照定义，规范判断
(normative judgments)需要一些用来比较个体特定行为
的一般性标准。群体中的一些合作行为，被该社会群
体成员一遍又一遍地重复，每个不同个体在不同场合
中扮演着不同的角色，从而使得合作活动变成了每个
人都互相了解其结构的文化实践(culture practice)，该
结构涉及联合目标和各种角色。例如，为了从树上的
蜂巢里收集蜂蜜，一个人站在树旁，另一个人爬到她
的肩膀上，从蜂巢里收集蜂蜜并递下来，然后第二个

91

人将蜂蜜倒入容器中。当新手追随着这个过程时，通过社会交往来学习该活动中不同角色的不同任务，这样各个角色就可以通过一般途径得以定义，使群体中产生一个共同预期，即为了实现群体的成功，任何一个扮演 X 角色的人必须做某些特定的事。任何针对特定角色个体的赞扬或责怪，必须基于所有人都了解的标准。因此，社会实践中的"我们"以可互换的角色共同完成联合目标，随着时间的推移，逐渐产生共同预期，该预期进一步引发了一般化的中立于行动者的规范判断。

为了广泛地说明社会惯例的产生及其规范维度，我将简短地描述一个我们在帮助实验中的典型场景。首先，儿童会被动地观看成人将杂志放进橱柜里。然后，在第二轮中，当成人因为手中抱满杂志而难以开门时，儿童会帮他打开门。在完成这个过程之后，第三轮时，儿童就会参与到每一件事中，提前打开门，在放书的合作活动中领路。在某些情况下，儿童甚至会向成人指出放置杂志的位置（通过指示）。通过该活动的三个展现情境，儿童和成人形成关于彼此行为的相互预期，使得儿童能够最终建构该活动，甚至和成人进行类似于"它们应该放在这里"的交流，这意味着 *93* 在该活动中，特定的任务会根据规范要求来执行。值得注意的是，这个儿童只有 18 个月大，几乎没有语言能力，而且根本不会使用任何规范语言（事实上，我所给出的关于他指示的规范解释，并非唯一可能的解释）。但至少从我们所有的研究中，可以明确地看出，儿童很容易就能够基于与成人进行的合作活动所积累的经验，得出关于"它如何实现"和"'我们'如何做"的结论。

除了合作规范之外，人类行为还会被一致性或习俗性规范所指导。在人类演化的某一时刻，群体中的所有个体能够具有相似的表现似乎变得很重要，从而产生了需要与群体保持一致的压力。这里，最直接的动机就是和其他人相似，为群体所接受，成为与其他群体竞争的"我们"群体中的一员。如果我们以一个群体形式在运作，那么我们就必须采取过去已经被证明 *94* 有效的方式来做事，而且必须将自己从其他那些不了解我们做事方式的人中区分出来。模仿和一致性可能是导致人类在新方向上得以演化的核心过程①。这是因为，模仿和一致性能够产生高度的组内同质性与组间异质性；同时，相较于生物演化，模仿和一致性所需要的时间也更短。正是基于这一特别事实，我们可以假定这种其他物种所不具备的特征，使得一个新文化群体的选择过程成为可能。人类社会群体从语言、衣着和习俗等方面，最大限度地与彼此区分开来。相比于其他群体，那些拥有最有效的社会惯例的群体得以繁荣兴盛。这大概就是内群体和外群体心态(mentality)的来源，而研究者已经发现，即使是非常小的婴儿(例如，甚至在婴儿真正开始说话之前，他们也会更喜欢与那些和自己说相同语言的个体进行互动)也存在同样的心态②。

95　　合作规范和一致性规范都会受到内疚和羞愧的巩固与加强，其预先假定了某种社会规范或至少某些社

---

① Richerson, P. and Boyd, R. 2006. *Not by genes alone: How culture transformed human evolution.*

② Kinzler, K. D., Dupoux, E., and Spelke, E. S. 2007. The native language of social cognition. *Proceedings of the National Academy of Sciences*, 104(30): 12577-12580.

会判断，进而在生物学和文化之间进行协同演化①。加州大学洛杉矶分校的人类学家罗伯特·博伊德（Robert Boyd）非常敏锐地提出，惩罚和规范将竞争问题（像在混合动机游戏中，如囚徒困境）转变为协调问题。如果没有惩罚和规范，个体只会更多地考虑到自身如何能够获得食物（或许也会考虑到其他人如何也能获得食物）。但是，在惩罚和规范存在的情况下，个体就必须考虑在可能获得食物的情况下，潜在惩罚者与流言会如何预期和要求他做出分享行为。所以，如果想要避免惩罚，他就必须协调潜在惩罚者与流言所持有的预期和要求。伴随着内疚和羞愧，内化的社会规范确保了群体预期间的协调，而不需要涉及任何外显行为（overt behavior）。

规范为信任提供了背景。其中，中立于行动者的角色以及具有联合目标和联合注意的共享合作活动，使得社会制度成为可能。但是，这种按照惯例所建立的社会制度的现实特征，依赖于另外一个组成成分： **96**

---

① Durham，W. 1992. *Coevolution*：*Genes*，*Culture and Human Diversity*. Palo Alto，Calif.：Stanford Univer-sity Press.

一种特殊的模仿和象征性交流（symbolic communication）。象征性交流的起源，是一个说来话长的故事①。它基本上依赖于完成任务的合作方式，并从联合注意活动中的指示手势开始。但这就会产生一个问题，即有时我们需要谈论此时此刻没有出现的事物，因此，这就给标志性手势（iconic gestures）（尚未约定俗成）的产生提供了机会，即我会在某种假装情境中，通过打手势的方式向你展示一些场景。标志性手势能够被人类"自然地"解释（例如，对于那些已经理解了格莱斯②交流意图的人，该交流意图就是在与指示手势建立联系的过程中发展而来的），毕竟人类可以轻易地将他人行为看成是有意地指向结果的。

97　　　在儿童中，我们最先在假装游戏（pretend play）中

---

① 参见 Tomasello，M. 2008. *Origins of Human Communication.*

② 格莱斯准则：a. 量的准则（The maxim of quantity），所说的话应包含当前交谈目的所需要的信息；所说的话不应包含多于需要的信息。b. 质的准则（The maxim of quality），不要说自知是虚假的话；不要说缺乏足够证据的话。c. 关联准则（The maxim of relevance），所说的话与话题要相关联。d. 方式准则（The maxim of manner），清楚明白地表达出要说的话，尤其要：避免晦涩，避免歧义，简练，有条理。——译者注

观察到这一现象。同时，与出现在年长儿童中的独立游戏的性质相反，该游戏(至少是在场景外为他人进行表演)最初就具有社会内在属性。儿童和他人形成了一个"将木棍看作马"的共同承诺(joint commitment)。此时，他们创建了一个地位功能。该地位功能在假装情境中得以被社会性地创造出来，就个体发生和种系发生角度而言，它是类似于"这张纸是货币"或者"那个人是总统"等集体协议的前身，并同时伴随着所有这些协议所需承担的权利和责任①。最近一个重要的研究表明，即使是在年幼儿童中，这些共同指定的地位功能都具有规范效力(normative force)。在这个研究中，儿童和成年人达成共识，即一个物体代表用来吃的面包，而另一个物体代表用来清洁的肥皂，那么在这两种情况下，真实物体及其假定用途间的关系都是可以想象的。当一只不理解该协议情境的小狗尝试吃那块"肥

---

① Rakoczy, H. and Tomasello, M. 2007. The ontogeny of social ontology: Steps to shared intentionality and status functions. In Tsohatzidis, S. (Ed.), *Intentional Acts and Institutional Facts: Essays on John Searle's Social Ontology.* Berlin: Springer Verlag.

98 皂"的时候，儿童就会极力制止它①。既然我们都已经
认同了这些物体分别代表面包和肥皂，那么就要纠正
所有违反协议的做法。

因此，在儿童中，类似于将木块当作肥皂的联合
协议（joint agreement），构成了发展出人类制度性现实
道路上的一步。在该制度性现实中，物品和行为就具
有了某些集体协议与惯例所赋予的特殊义务地位。这
些联合协议与典型的社会规范有所差别，其控制着外
显社会行为，并开始于习俗所创建的象征性现实（sym-
bolic realities）（假装或制度情境），然后在象征情境中，
共同分配相关角色和实体（entities）的义务权利（deontic
power）。

我的"西尔克的类人猿，斯克姆斯的人类"假设是
指，智人（Homo sapiens）为了创建其所拥有的生活方
式，必须从其他灵长类在情绪或认知方面所不具备的
99 合作活动开始。特别是人类开始参与到具有联合目标
和独特而一般化角色的合作活动中，并且意识到成功

---

① Wyman, E., et al. (in press).

需要依赖彼此。这些活动孕育了一般化、中立于行动者的规范判断（对权利和责任以及社会制度中各种劳动分工和地位分配）的种子。他们也是人类利他行为以及人类独特的合作交流形式的诞生地。在共享合作活动中，人类聚在一起商量这一行为，成了人类文化的起源。目前还无从得知在人类演化过程中所有这些是如何以及为何产生的。但是，一个可能的猜测是，在觅食情境（既包括捕猎也包括采集）中，人类被迫以一种其他灵长类所不能的方式，成为彼此的合作伙伴。

当然，人类也并非完美的集体性动物，他们同样也会聚在一起做出各种各样令人发指的行为。但是，这些行为通常不会发生在"群体"内部。事实上，近来有演化模型指出，政客们早就知道：激励人们以群体方式去思考和合作的一种最好途径，就是确立一个敌人，然后指控"他们"会威胁到"我们"。因此，人类非凡的合作能力，似乎主要是在与局部群体（local group）的互动中演化而来的。或许具有讽刺意味的是，合作活动中的这种群体意识，正是当今世界所经历的冲突和痛苦的根由。那么，最好的解决途径就是寻找一个重新定义群体的方法，当然这做起来可能并不容易。

100

第三章　生物学和文化的相遇

　　如果演化成功的标准是由人口数量来衡量的话，那么相比于其他类人猿，人类可以说是非常成功的。具体来说，人类的数量是在一万年前，随着农业和城市的兴起，开始显著增加的。这就引起了各种各样的新的合作组织和合作问题，进而导致从食品店的成本核算，到司法系统保护私人财产，到将社会等级作为组织劳动分工的方式，再到以宗教仪式促进群体凝聚力等问题。而随着现代工业社会的到来，上述这一切都变得令人难以置信的复杂。

　　然而，我们在人类社会中所看到的变化是随着农业和城市的出现而开始的，而非因为任何一种生物性适应。鉴于这些崭新的变化是在现代人类已广泛扩散到全球范围后才发生的，因此这种变化似乎只是社会学问题（大规模扩散的物种生物性变化，几乎是不可能发生的）①。这意味着在现代工业社会中，大部分高度复杂的合作形式（从联合国到网上信用卡付账）都主要建立在合作技能（cooperative skills）与合作动机（cooperative motivation）的基础之上，而这些生物学上的合作技能、合作动机则是为小群体互动（我们在类人猿和年幼儿童实验中观察到的各种利他和合作活动）而演化出来的。

但是，仅仅在这些小群体互动中，我们就已经看出了人类儿童和类人猿之间的本质区别。在个体发生早期，人类儿童就已经表现出了利他性，而这种表现出利他性的方式是黑猩猩和其他类人猿所不具备的。*105* 尽管有证据表明，黑猩猩有时会在行为上帮助他人达成目标，但是它们在食物上并没有表现得特别慷慨（与人类儿童和成人相比），而且它们也不会像人类一样通过交流来无偿地给彼此提供信息。我们再来从合作早

①　Diamond，J. 1997. *Guns*，*Germs*，*and Steel*：*The Fates of Human Societies*. New York：W. W. Norton.

期个体发生的角度看，人类儿童会以其物种独特的方式与他人进行合作。它们会和他人形成联合目标，该联合目标是所有当事人都规范认可的；他们会和他人建立联合注意的领域，以及共同概念基础；此外，他们还会和他人创建象征的制度性现实，赋予本不具任何意义的实体以道义的约束力。儿童参与合作性活动，不仅因其与自身目标达成有关，同时也受限于合作性活动本身具有的约束力。

可以说，社会规范存在于所有这一切之上。从演化和个体发生的角度来说，人类建立了（儿童内化了）共同预期的行为标准。即便需要付出高昂（利他的）的代价，每个人也都愿意去执行这些标准。首要的标准是合作规范，其建立在与合作伙伴相互依赖的基础之上，同时也建立在互惠和像喜欢自己一样尊重他人的基础之上。其次是一致性规范，他存在的基础是认同并归属于一个社会群体（否则将面临制裁的危险），以及将我们的群体与其他群体进行区分。现今，出于外部社会压力，以及由共享意图所支配的合作互动的社会理性，儿童尊重并内化这两种规范（包括很多同时包含合作性与一致性成分的规范）。

因此，正常人类的个体发生必然涉及文化维度，这是其他灵长类在个体发生过程中不会涉及的部分。人类必须学会其他人在他们的文化中是如何做事的，以及这些人期望他们如何做事。一个黑猩猩可以在各种社会环境中发展物种典型的认知和社会技巧。但是，如果没有人类文化的小生境，以及参与其中的技巧和动机，人类儿童根本不可能发展为一个具有正常功能的个体。人类在生物演化中适应性地成长，并在一个文化环境中发展成熟。通过合作性努力，我们已经建立了自己的文化世界，并且也在不断地适应这个文化世界。

第二部分

论坛

人类是如何演化为利他物种的

乔安·B. 西尔克（Joan B. Silk）

当今之世，我们有太多证据证明人类伤害了彼此和所生存的地球，而与此同时，强调人类合作能力、关注他人福祉和利他社会偏好的科学研究发展惊人，这不能不说是一种嘲讽。看到科学聚焦于"人类如何演化为如此利他的物种"这一问题上，实在令人兴奋。

演化理论、灵长类行为生态学、认知心理学、发展心理学、经济学和人类学在理论、方法学和实证研 究方面的贡献反映了回答这一问题的努力。这种学科交叉意味着一个像我这样的灵长类行为生态学家可以借用行为经济学的研究方法实施系统的实验，以探讨儿童利他社会偏好的发展；还意味着像迈克尔·托马塞洛这样的发展心理学家开始思考博弈论，而一个像恩斯特·费尔(Ernst Fehr)这样的经济学家开始考虑塑造效用函数的终极因素，以及在经济理论的发展中对人类心理的理解如何与对数学的理解同等重要。

在托马塞洛指导下完成的儿童和类人猿研究证明了融合不同学科视角的价值。

第二章中，托马塞洛将注意放在了可能影响类人猿和人类各自合作能力的一些差异上：类人猿缺少联合注意能力，相比人类而言信任和容忍能力较为有限，且较少参与产生群体水平利益的活动。我想在这一列表中添上两条：

其一，只有人类才能在一大群偏好不一的个体集合中安排合作①；

其二，对于他人福利，人类比类人猿表现出了更多的关注(或者说利他社会偏好)②。

---

① Richerson, P. J., and Boyd, R. 2006. *Not by Genes Alone.*

② Fehr, E., and Fischbacher, U. 2003. The nature of human altruism. *Nature*, 425: 785-791.

托马塞洛认为在互利的努力 (mutualistic endeavor) 中获得的收益有利于他所强调的人类独特能力的演化。在这一假说中，利他扮演了次要的角色。我并不认同这一说法，这里我将加以解释。

猎鹿博弈是一个极端特殊的案例：两个猎人合作可以拿下一只雄鹿，而一个猎人独自只能捕获一只野兔①。此处双方的利益完全一致，都只需要决定是否出猎，他们不可能通过如下情境来获利：

①在自己的出猎意愿上误导搭档；

②在捕猎开始后退逃。在这一博弈中，合作是双 *114* 方的最优可能解。

如果大多数自然情境符合猎鹿博弈这一结果简单的情境，那么合作将无处不在。当个体和群体的利益完全一致时，合作带来更大的利益，而且没有威胁破坏互动的选择压力。

但自然情境往往并非如此清晰明确。只要双方利

---

① Skyrms，B. 2004. *The Stag Hunt and Evolution of Social Structure.*

益不完全一致——这是十分常见的——欺骗都是潜在的问题。我称为"委员会工作的诅咒"（curse of committee work）。这一现象开始于小学。当五年级的你被老师分入一个报告"南北战争"的小组时，组中往往有一个偷懒的组员——承诺做点事却什么也不干。在这一例子中，个体利益并非完全一致，小组希望做出杰出的项目，但其中的一个组员却宁愿看电视，也不愿在图书馆里花一点儿时间。委员会工作不过是小组项目的成人版本。

我们知道其他灵长类（除人类以外）的合作对于潜在的利益冲突十分敏感。1937 年，梅雷迪思·克劳福德（Meredith Crawford）在一群黑猩猩中开展了最早的灵长类（除人类以外）合作研究。实验中，食物被放置于盒子顶端，两根绳子系在盒子上。黑猩猩够不着盒子上的食物，同时一只黑猩猩无力独自把盒子拉过来，因此它们需要合作获得食物。结果表明，一部分被试组可以成功地完成这一任务。此外，克劳福德在绳子上装上了拉力计，用以衡量每只黑猩猩解决问题所付出的努力。这一关键装置揭示，通常而言，在合作完

成任务时其中一只黑猩猩会付出更多努力。就像托马
塞洛所指出的那样，当在梅利斯和同事的合作实验中
引入对奖赏的竞争后，黑猩猩解决问题的能力明显下
降①。因为此时在个体利益和两名个体的共同利益间有
了冲突。

　　种内互利的例子实际上很少，多数广为人知的互
利发生在物种之间：灰蝶（lycaenid butterflies）和蚂蚁、
蚂蚁和蚜虫（aphids）、菌根菌（mycorrhizal fungi）和植物
（plants）、蜜熊（honey bears）和蜜獾（honey badgers）、
清洁鱼（cleaner fish）和它们的"客户"②。即使自然界最
复杂的互利关系也仍然在反映着合作与剥削之间的激
烈竞争③。作为回应，在许多互利系统中，一方或双方
演化出了确保搭档不会作弊的保护机制。有限的几个

　　① Melis，A.，et al. 2006. Engineering cooperation in chimpanzees.

　　② Bronstein，J. L. 1994. Our current understanding of mutualism. *Quarterly Review of Biology*，69（1）：31-51.

　　③ Bergstrom，C. T.，and Lachmann，M. 2003. The Red King effect：evolutionary rates and division of surpluses in mutualisms. In Hammerstein，P.（Ed.），*Genetic and Cultural Evolution of Cooperation*. Cambridge，Mass.：MIT Press. Bronstein，J. L. 2003. "The scope for exploitation within mutualistic interactions." In Hammerstein，P.（Ed.），*Genetic and Cultural Evolution of Cooperation*.

种内互利的例子涉及合作哺育物种，如野狗和狨猴，以及一些合作捕猎者。在大多数这样的例子中，群体都由近亲个体组成，个体与群体的利益更为贴近。我们在自然界中看到的大多数合作形式，如社会性理毛和同盟形成都不能划为互利的例子：这都是从互惠或裙带关系中获得补偿的利他合作。

猎鹿情境是一个卢梭式的理想，然而可能并非自然界的常态。

在合作关系中，适应性挑战在于参与者之间利益的不完全一致。即使在猎鹿这种互利的最佳情境中，个体的行为也受自身收益的驱动，而非出自对他人福祉的考量。各方决定参与猎鹿是因为这是彼此的最佳策略，而不需要考虑搭档们的收益。他们需要知道搭档们想做什么，但他们不需要为搭档们的收益赋予积极意义。因此这是一场协调博弈，我的最佳策略取决于我搭档的策略，反之亦然。

托马塞洛实验室的一系列实验表明黑猩猩能够在联合任务中有效地协作，而同一批黑猩猩却毫不关心其他个体的福利①。因此，互利并不一定让你友好。这是因为互利和利他合作所需要的思维模式可能相当不同。只有在个体看到了最佳选项且所有个体的利益都与群体利益一致时，互利才是稳定的。

诚实的沟通、相互信任和容忍在调和互利关系时极为有益。但诚实、信任和容忍在我们的利益不大一致时都可能腐坏变质(我会说我要在图书馆花一个周末研究葛提斯堡战役或者完成我们的小组作业，但实际 *119* 上我却用这一个周末看电视或者做自己的研究)。

互利不会产生对他人福祉的关注，反而会产生操作性的策略②。我们从互利出发不会成为纳尔逊·曼德拉，而是成为尼古拉·马基雅维利。

---

① Jensen, K., et al. 2006. What's in it for me? Silk, et al. 2005. Chimpanzees are indifferent to the welfare of other group members. Vonk, J.; Brosnan, S. F., Silk, J. B., Henrich, J., Richardson, A. S., Lambeth, S. P., Schapiro, S. J., and Povinelli, D. J. 2008. Chimpanzees do not take advantage of very low cost opportunities to deliver food to unrelated group members. *Animal Behaviour*, 75(5): 1757-1770.

② Whiten, A., and Byrne, R. W. 1997. *Machiavellian Intelligence II*. Oxford: Oxford University Press.

重复多次的互动是一条产生信任和容忍的途径。偶然互惠理论(theory of contingent reciprocity)的基础在于：互惠伙伴间的合作对每个个体都有利，而只要合作维持下去，这将是一个稳定的策略①。

对于我所研究的雌性狒狒而言，理毛行为主要指向互惠伙伴，通常为近亲②。单次互动中的理毛常常是不平衡的，某一日中一只雌性为伙伴理毛可能远多于伙伴为其理毛的次数③。然而在许多次这样的互动中，这种不对等通常能够扯平。最为公平的理毛关系也意

① Trivers, R. L. 1971. The evolution of reciprocal altruism. *Quarterly Review of Biology*, 46 (1): 35-57. Axelrod, R., and Hamilton, W. D. 1981. The evolution of cooperation. *Science*, 211: 1390-1396.

② Silk, J. B., Cheney, D. L., and Seyfarth, R. M. 1999. The structure of social relationships among female savannah baboons in Moremi Reserve, Botswana. *Behaviour*, 136: 679-703. Silk, J. B., Altmann, J., and Alberts, S. C. 2006. Social relationships among adult female baboons (*Papio cynocephalus*) I. Variation in the strength of social bonds. *Behavioral Ecology and Sociobiology*, 61(2): 183-195.

③ Frank, R., and Silk, J. B. In press. Impatient trad-ers or contingent reciprocators? Evidence for the extended time course of grooming exchanges in baboons. *Behaviour*.

味着彼此间最强的纽带①，且最公平的关系也最为长
久。雌性狒狒似乎通过重复业务（回头生意）的方式解
决了信任和容忍的问题。

这一机制的短板在于它只会在非常小的群体中生
效②。雌性狒狒间可以形成有效的伙伴关系，但是它们
不能形成委员会。

当然，现在我们还需要解决的问题是为什么我们
能够合作、协作。为什么委员会能够如此运作？我认
为答案在于我们具有利他社会偏好，这驱使我们重视
群体的利益③，使我们各自的利益能够与群体利益趋于
一致，并投身带来群体收益的活动。

这并不意味着我们完全不在意自身的偏好和福祉，

---

① Silk, J. B., Alberts, S. C., and Altmann, J. 2006. Social relationships among adult female baboons (*Papio cynocephalus*) II: Variation in the quality and stability of social bonds. *Behavioral Ecology and Sociobiology*, 61(2): 197-204.

② Boyd, R. and Richerson, P. J. 1988. The evolution of reciprocity in sizable groups. *Journal of Theoretical Biology*, 132(3): 337-356.

③ Fehr, E. and Fischbacher, U. 2003. The nature of human altruism. Richerson, P. J., and Boyd, R. 2006. *Not by Genes Alone*.

121 但这确实表示我们对他人收益赋予了正性权重。而这让我们能够为他人做出牺牲。因此，我们参与委员会的会议，我们捐助慈善，我们献血，我们投票，并在某些时候参与战争。我们还具有促进群体获利行为的种种制约：法律、罚款、舆论、道德情操，以及对惩罚的预期。

这些利他社会偏好，正是人类擅长的种种有效协作的前提。看起来我们的联合努力是互利式的猎鹿，而事实上我们的个人利益与群体利益往往是不一致的。我为公共广播掏钱并不是因为这 50 美元的贡献是我听广播所必须付出的代价，而是因为我认为这是正确的事情——因为这是对公共利益的贡献。

亚伯拉罕·林肯说过："当我做好事的时候我感觉很好。"而最近的神经生物学研究确认，我们的慈善行为具有内源性的奖励[1]。

---

[1] Mayr, U., Harbaugh W. T., and Tankersley, D. 2008. Neuroeconomics of charitable giving and philanthropy. In Glimcher, P. W., Camerer, C. F., Fehr, E., and Poldrack, R. A., (Eds.) *Neuroeconomics: Decision Making and the Brain*. Amsterdam: Elsevier.

　　正是因为缺少了这种社会偏好，大多数非人动物 *122*
难以演化出种内的互利行为。这可能是黑猩猩能够在
许多情境中有效合作，却不能在它们的日常生活中享
受"互利式"合作带来的种种好处(育儿合作、劳动分
工、更有效的捕猎策略等)的重要原因。在托马塞洛的
观点中，利他社会偏好源于互利式合作带来的好处。
但可能有另一种途径。关于人类如何具备利他社会偏
好存在不同的解释：合作哺育、文化群体选择、间接
互惠，等等。这些利他社会偏好的演化为托马塞洛及
其同事所描述和证明的人类认知和社会性——共享注
意、信任和容忍、参与有利于群体利益的活动——做
好了准备。

从"好孩子"到人类的友善

卡罗尔·S. 德威克(Carol S. Dweck)

托马塞洛是一位先驱,勇敢地踏入了别人未能涉足的领域。他不仅提出了问题:"是什么让我们人类如此独特?"他也设计了一系列独创性的实验支持自己的假设。而他的回答并非只是"人类十分聪明",还包括了"人类十分友善"。

他的前沿理论和研究融合了认知和社会性发展这一对历史上相当独立的领域,改变了发展心理学的面貌。他通过儿童的社会性天性,说明心智发展和文化传播的途径,并提出人之为人不仅在于巨大的大脑和卓越的认知能力,还在于参与社会互动的能力这一独特的天性。这一提案和背后的实验代表着一种巨大的飞跃，开启了震撼心理学的新理论和新研究。

在第 1 章中，托马塞洛提出幼儿从 1 岁起表现出天性中的乐于助人、提供信息和慷慨，而这都不是奖赏、训练或文化适应的产物。也就是说，儿童这种乐于助人的天性并非源于成人的影响，而是与生俱来的。然而在随后的发展中，文化奖赏可能促进利他主义并塑造其表达。例如，儿童的帮助可能受到一些因素的影响，包括对互惠的预期、对名誉的考虑和对社会规范的遵从。

这一观点被他称为"先斯皮克，后德威克"假设。这一假设承认斯皮克是先天观点的缔造者和最重要的贡献者，该观点认为许多被称为"核心知识"的早期知识是先天的①。他提出了这一观点，并和支持者一同汇集了强有力的证据，以表明儿童具备了关于客体、数和空间等方面的核心知识。

另一方面，我过去主要研究儿童的信念——一些

---

① See, e. g., Spelke, E. S. and Kinzler, K. D. 2007. Core knowledge. *Developmental Science*, 10(1): 89-91.

建构或习得的东西，一些由经验所塑造的东西。就像假设的"后德威克"部分暗示的那样，我通常倾向于在具备强有力的理由前不排除习得的可能。于是我想一如往常地探索这一问题。

某些能力在 1 岁时就出现了，这也可以被解读为这些能力只有在积累了一整年的经验后才出现。而除了直接的奖赏或训练外，经验可能以许多不同的形式发生作用。例如，语言习得经常被归因于大脑中先天语言模块的运作，而虽然这一观点可能部分属实，但越来越多的证据表明词汇学习和句法学习的关键可能源自儿童听到的言语输入中内含的统计模式①。这里，儿童从输入中学习，而这并未得到直接的奖赏或训练。

是否有证据表明婴儿在第一年中学到的东西能够教会他们利他主义并塑造他们的利他倾向呢？在婴儿出生头一年中，他们可能学会了预期他人是否愿意提供帮助。而不同的经验可能实际上塑造了幼儿的利他性。

---

① Saffran, J. R., Aslin, R. N., and Newport, E. L. 1996. "Statistical learning in 8-month-old infants." *Science*, 274: 1926-1928.

　　我并不想辩称预期帮助和提供帮助不是婴儿的天性，但我会提出，即使在生命早期，利他也并非一个没有学习历史、不受输入影响的系统。在此我并非想要一个完全属于自己的假设——"先德威克，后德威克"——而是想要检验一个想法，即利他的活跃兴盛可能依赖于经验。

　　在一个良好的研究项目中，我的同事苏珊·约翰 *129* 逊(Susan Johnson)和她的合作者率先发现，婴儿能够学会预期当自己难过时他们的看护人是否会提供帮助——婴儿形成了依恋理论之父约翰·鲍尔比(John Bowlby)所说的"关系的工作模型"。约翰逊和她的同事开始评估 12 ~ 16 个月的婴儿与母亲的关系——使用"陌生情境"范式(其中婴儿与母亲分开和重聚，以观察婴儿是否在应激时将母亲视作安全基地)将婴儿分为安全型依恋和不安全型依恋。安全型依恋的婴儿能够在难过时将母亲当作安慰的来源，并且通常相信母亲具有一贯的反应性；相比之下，不安全型依恋的婴儿不能从母亲的亲近中得到安慰或减少悲伤。不安全型依恋 *130* 的婴儿通常经历了反应迟钝或不一致的母亲养育行为。

随后，在一项使用婴儿习惯化范式的研究中，同一批婴儿观看了一段关于"母亲"和"婴儿"爬台阶的视频。母亲爬得很轻松，可婴儿跟不上她，只能站在底下发出令人心碎的哭声。婴儿反复观看这一视频直到兴趣衰退。在测试时，婴儿会看到两种不同的结局，一种是母亲返回哭泣的婴儿身边，另一种是母亲扔下难过的婴儿继续攀爬。

哪一种结局会让婴儿感到吃惊并看得更久呢？婴儿认知的研究者一直使用观看时间的恢复来说明婴儿看到了违背预期的新刺激。在本研究中，当视频中母亲继续前行时安全型依恋的婴儿看得更久，而不安全型依恋的婴儿会更加惊讶于母亲的回转。因此，对于看护者是否返回并帮助有需要的儿童，具有安全型和不安全型依恋关系的婴儿形成了不同的预期①。

这一研究表明，儿童可能从看护者那里得到了不同类型的帮助——不同的经验，不同的输入。是否有

---

① Johnson, S., Dweck, C. S., and Chen, F. 2007. Evidence for infants' internal working models of attachment. *Psychological Science*, 18 (6): 501-502.

任何证据可以预测这些婴儿对他人的利他或帮助程度呢？这引出了一种引人入胜的猜测：不安全型依恋的婴儿会更少提供信息和表现出慷慨、乐于助人，或是因为任务需求更多努力或牺牲而容易选择放弃。

一项激动人心的研究展示了经验在婴儿利他中扮演的角色。研究者在一所日托机构中谨慎地观察了面对身边同伴的不幸时婴儿和学步儿(1～3岁)的表现①。研究中半数的儿童来自虐待家庭，另一半(匹配年龄、性别和种族)来自尽量匹配了收入和应激水平的无虐待家庭。对于一名不幸的同伴，无虐待组的婴儿试图接近他，表示关注或提供安慰。

然而，没有一名虐待组婴儿表现出了共情关注，最常见的行为是威胁、愤怒，甚至身体攻击，可能是虐待践踏了利他的天性。但这样的数据也支持了经验依赖的观点：儿童观察到了来自所处世界的输入，这些输入告诉儿童人们是如何对待他人需求的。

---

① Main, M., and George, C. 1985. Responses of young abused and disadvantaged toddlers to distress in agemates. *Developmental Psychology*, 21(3)：407-412.

在生命的最初一年，父母可能实际上与儿童交流了"什么是一个好孩子"和"在亲子对、家庭、群体或者文化中什么是好成员"。在受虐待儿童的例子中，父母可能在交流中表示一个好孩子/好人不会哭闹或以其他方式激怒别人，或者更为普遍地表示人们不会互相扶持渡过难关。我认为从父母对待孩子的方式——不管利他与否——之中，儿童可能学会了人们在相关的社会情境中如何对待他人和被期望如何对待他人[①]。

不仅如此，在我关于学步儿童的工作中，我看到过非常年幼的孩子执着于善恶之分。他们非常关心是什么决定了一个孩子是好是坏——是他们所做的事情，他们所犯的错误，还是他们获得的评价——以及如果他们是好或者坏会相应发生什么。这可能是故事中的"后德威克"部分，儿童按照规范和他人的评判调整对待他人的行为。然而，一些研究者已经证实，即使婴

---

① cf. Meltzoff, A. N. and Brooks, R. 2001. "Like me" as a building block for understanding other minds: Bodily acts, attention, and intention. In Malle, B., Moses, L., and Baldwin, D. (Eds.). *Intentions and intentionality: Foundations of social cognition.* Cambridge, Mass.: MIT Press.

儿也知道实施帮助的角色相比于阻碍他人接近目标的角色来说是"好"的。因此，在系统和外显的奖赏制度以外，儿童可能很早就熟悉了善行，而且有很强的动机成为他们的文化和经验所描绘的好孩子。一些善行对于多数儿童是(或者成了)内源驱动的行为，而这与经验的作用并不矛盾①。

134

至少，若要为托马塞洛假设的强形式辩护，支持者需要确认在1岁之前儿童对于成人的惯例、愿望和价值观并不敏感，更不会尝试照此行事。因为这可能很容易成为儿童的惯例和价值观——内源性的奖赏——而不太需要外部支持，尤其是在如托马塞洛那些有趣研究的简单情境中。

总而言之，我对托马塞洛呈现的想法和研究感到无比兴奋。一个人有胆识开创这一领域并提出那些巨大的问题，具有难以估量的重要性。如同皮亚杰开创了一个新领域并提出了新问题，不管他是否在每个细节上都正确，整个领域都从此不同了。

---

① Hamlin, J. K., Wynn, K., and Bloom, P. 2007. Social evaluation by preverbal infants. *Nature*, 450: 557-559.

我们远不是这个星球最合作的物种

布莱恩·斯科姆斯(Brian Skyrms)

在《约定论》(*convention*)(1969)一书中，大卫·路易斯(David Lewis)明确介绍了共享知识的概念，在经典博弈论中已有多种方式隐晦地设想了这一概念，而随后在经济学家罗伯特·J.奥曼(Robert J. Aumann)缜密地对待后变得至关重要。一个条目要成为一群主体(agent)的共享知识并不仅仅是被每个人所知道那么简单。每个人都必须知道它(1级)，且每个人必须知道每个人都知道它(2级)，以此类推。刘易斯认为，一种行为要成为一个共同体(community)的习俗，需要以

一种涉及共享知识的方式进行自我强化①。这种行为要 *138*
有效地构成一项习俗，必须要让共同体中每一个成员
都拥有这项共享知识，即每个偏离习俗的人都将为此
遭受不幸。因此，没有人有理由率先违背，所有人知
道这一点，所有人知道前述一切，依此类推。

　　路易斯认识到了这里的理想化之处——共享知识
是百分百共享的——然而他仍然声称那些没有掌握全
部所需知识的个体不是该共同体真正的一分子。习俗
由一个持有共享知识的核心社群维系，依附者只是入
乡随俗。他也同意个体可能被认为具有共享知识，只
要他们能够在这种无限知识层级中以绝对高的水平来
推理自我。

　　格赖斯在 1967 年的《逻辑和会话》(*logic and conver-*
sation) 中也在稍小尺度上承认了"我知道他知道我知道 *139*
……"这样的无限循环。在会话中，说者倾向于引起听
者的一个信念，而同时说者也希望听者知道自己是带
着引起信念的意图这么说的。说者希望听者知道自己

---

　　①　路易斯(Lewis)也提出了一些额外条件，如单方面违背公约
不仅伤害对方也会伤害自己。但这些细节在这里都不重要.

知道听者知道。在纯理论中，这一过程节节攀升，恰似托马塞洛所说的"递归读心"。抛开疑虑而言，其中似乎不存在自然终止的层次。

对于超越习俗意义的信息如何在会话中传递，格赖斯很感兴趣。在他的观点中，会话在功能上是一种合作性事务，对合作意图的假设可被用于提取信息。如果你告诉我你的车没油了，而我说路口有加油站，你能够假设这加油站正在营业，或者至少我不知道它即将关闭——尽管无论如何我的陈述在字面上都是正确的，你仍然会如此假设。你假定我试图合作，这需要真相，但又不仅仅是真相。如果我问你皮特在哪儿，你回答说他在墨西哥或者津巴布韦，我可以假设你是因为不知道他在墨西哥才这么说，虽然这样说也对。如果你试图合作而又知道皮特在墨西哥，你会直说。格赖斯和追随者从合作假定中得到了许多会话规范，并最终按照合作意图的共享知识进行了详细阐述①。

①　格赖斯当然知道，在对话中合作原则会被违反甚至被嘲笑。然而，在这个过程中合作原则却是基础，违背也是在其基础上的违背.

路易斯也将他的解释建立在了合作上。在路易斯的信号博弈游戏（signaling game）中，合作是一个非常明确的基础，对报酬的说明预设了牢固的共同利益。发送者和接受者得到相同的报酬，如果接受者做出了合适的行为，双方都得到报酬，否则双方都没有报酬。游戏的规则属于共享知识。因此，合作符合所有玩家的利益也是一个共享知识①。

对交流的解释是否也应该建立在共享知识假设上？ *141* 有两点值得怀疑的理由。其一，动物和低级微生物不太可能具有任何共享知识，但它们似乎也能相当有效地进行交流。让我们从灵长类向下看，每个人都知道鸟类和蜜蜂的情况，但即使社会性细菌也能利用化学信号有效进行组织。

黄色黏球菌（myxococcus xanthus）是合作捕猎者。它们成群结队地漫过和消化猎物。当饥饿时，它们汇集成一个子实体（fruiting body），就像细胞黏菌那样。

---

① 然而这里路易斯并未把参与者的动机算进来，同时他也认为这并不是一件必须做的事情.

其他细菌使用化学信号生物发光，形成菌膜，产生毒性①。这些事情都是在没有共享知识或者递归读心的情况下完成的——事实上，没有思维参与。

怀疑共享知识是交流的基础的第二个原因在于，人类自身似乎也不符合标准。当需要知道知道知道，或推理推理推理时，相当多的实验证据表明人类似乎只能在这样的阶梯上爬几层。这是行为博弈理论的突出发现之一，挑战了经典取向的基础。

我想托马塞洛和我都同意共享知识对于人类来说是一个过强的假设。他转而提出"共同基础"，作为一个更为温和的条件。首先，信念不需要是真的，而更重要的是，共同基础——按我的理解——在共享信念的层级中只升了一级。人类当然可以做到这一点。

发送者和接受者之间单纯的共同利益有利于交流，但如果这是必需的，世界上的交流远不会像现在这么

① Taga, M. E. and Bassler, B. L. 2003. Chemical Communication Among Bacteria. *Proceedings of the National Academy of Sciences of the USA*, 100 (Suppl. 2): 14549-14554. Watnick, P. and Kolter, R. 2000. Biofilm, City of Microbes. *Journal of Bacteriology*, 182 (10): 2675-2679.

多。越过共同利益，我们可以发现混合利益导致部分
信息交换的例子，甚至完全欺骗的例子。

143

发送完全欺骗性的信号令一些人感到不可思议，
但这样的例子不难找到。例如，当雌性萤火虫（Photuris
属）发现一只雄性萤火虫（Photinus 属）时，她会模拟这
只雄性的同种雌性信号，勾引他，然后吃掉他。她不
仅得到了一顿美餐，还得到了一些她从别处得不到的、
有用的保护性化学物质。有一种萤火虫（Photuris Versi-
color）是一个技艺惊人的模仿者，能够发出十一种萤火
虫（Photinus 属）的闪烁信号。

这种欺骗模式是如何维持下来的呢？萤火虫（Pho-
tinus 属）先具备了自己的一套信号系统，而与萤火虫
（Photuris 属）的遭遇频率不足以摧毁这一系统。由此，
将共同利益作为信号理论的基本假设不是一个好的科
学决定。

我建议我们通过适应性动态机制从经典博弈论的
高理性取向转向低理性取向。在我心里有这样两类适

144

应性动态机制：演化和强化学习。两者分别在不同的
时间尺度上发挥作用，但两者并没有那么不同。他们

都属于试误学习。对于演化而言，第一个正式模型是模仿者动态(replicator dynamics)模型，互动的收益用达尔文的适应度来衡量，即他们如何转化为繁殖成功。更大的收益意味着下一代在种群中占有更大比例。对于学习，我想专注于基本的强化学习。

让我们从一个没有共享知识而仅有共同利益的最简单例子开始。自然抛出了一枚均质硬币，以在两个状态中进行随机选择。发送者观察到了选出的状态并在两个信号中选择并发出对应信号。接受者观察到了这个信号并在两个行动中选择了一个。每一种状态都有一个"正确"的行动，可以让发送者和接受者都得到一单位的回报，否则双方都没有回报。在这种情形下，演化①和强化学习②都产生了完美的信号传递。

如果我们从共同利益转向混合利益，我们现在可

① Hofbauer, J. and Huttegger, S. 2008. Feasibility of Communication in Binary Signaling Games. *Journal of Theoretical Biology*, 254(4): 843-849.

② Argiento, R., Pemantle, R., Skyrms, B., and Volkov, S. 2009. Learning to Signal: Analysis of a Micro-Level Reinforcement Model. *Stochastic Processes and their Applications*, 119(2): 373-390.

以(通过演化或学习)找到一个信号发送者传递和隐瞒信息的平衡点。缺乏纯粹共同利益的信息传递在许多情境中十分常见。

我还要考虑托马塞洛提到的其他现象的低理性(和无理性)模型。个体可以在不做团队推理的情况下进行团队合作。我不认为团队合作是人类独有的属性，或者必须需要人类的能力。人类可能比黑猩猩更具合作性——我把这留给专家评断——但我们远不是这个星球上最合作的物种。猫鼬、鼹鼠、许多社会性昆虫甚至细菌都能够进行高水平的合作。合作通常涉及多种反馈机制，但递归读心、高级意图和相互信任只是少数特殊情况下的重要概念。我不会否认这些可能是关于我们如何、何时进行合作的故事的一部分，但横跨整个生物界来看待合作的本质，为我们提供了某种有用的视角。

146

人类独特性的解释

伊丽莎白·S. 斯皮克（Elizabath S. Spelke）

托马塞洛旨在解释我们物种独特的认知成就。他提出了问题：为什么在地球上的生物中，单单只有我们人类利用工具和农业改变了身边的环境？为什么我们创造和研究历史学、地理学和社会制度，分析、编纂、归纳我们的物理和社会环境？为什么我们通过文学、音乐、歌剧，通过运动、数学和科学等方面的努力，装点和丰富了我们的社会和物质世界？

他的工作开始于两个普遍性的观察。首先，人属于灵长类。我们的知觉、行动、学习、记忆和情绪等基本能力都与其他类人猿存在极大的相似性，也与猴类和其他远亲类似。这些相似性为神经科学、遗传、演化生物学和心理学等一众新兴事业提供了基础，在这些领域中科学家通过对其他动物的研究获得对我们物种的洞察和了解。尤其是托马塞洛，他研究了人类和其他类人猿在对人和客体理解上的相似性①。这些相似点阐明了能力的本质和演化，这些能力建立在我们的社会和物质生活基础之上。

其次，我们会用我们灵长类的思维做一些奇怪的事情：人类投身于其他动物不曾设想过的活动。例如，所有动物都必须定位和鉴别食物，而只有人类种植、放牧和烹饪。所有动物都需要找到去所处环境中重要地点的道路，而只有人类使用地图导航，并且考虑了 *151* 宇宙的几何结构，即使我们目前远不能及。尽管许多动物对数敏感，只有人类通过迭代计数组织起了产生式的自然数概念系统。而当许多动物必须与同类接洽或交战以繁殖、养育后代，并经营它们的领地和资源时，只有人类形成了学校、经济体制、工厂和军队等

---

① Hare, B., Call, J., Agnetta, B., and Tomasello, M. 2000. Chimpanzees know what conspecifics do and do not see. *Animal Behaviour*, 59(4): 771-785.

复杂的社会组织。是什么让人类走上了通往这些突出成就的道路？

为了回答这一问题，托马塞洛和其他人采用了一种三重比较取向来研究人类认知。首先，他和其他动物认知方向的学生比较不同动物的认知能力，检验普遍存在的以及灵长类、类人猿乃至人类独有的能力和倾向。其次，他和其他研究人类发展方向的学生比较了不同年龄儿童的认知能力，探寻哪些能力在发展中出现得最早，而这些能力又支持了哪些进一步的成就。尤其是托马塞洛的发展研究，阐明了一系列能力和倾向，这些能力和倾向在生命第二年伊始出现，随后一直存在并发挥作用。这影响着一系列人类独有的认知成就的发展。最后，他与其他语言学家和人类学家比较了不同文化中儿童和成人的认知成就，以区分人类普遍共有的和依赖文化传承与环境的能力与倾向。

20世纪，人类思维的比较取向在最开始时将动物、人类认知阶段和文化分别从低到高、从简单到复杂、从原始到发达进行了线性排序，因而受到了强烈的批评。但是这种线性模型是否成立尚不清楚：种系发生、个体发育和文化发展领域都提供了丰富而驳杂的成果。托马塞洛和其他同时期的研究者精准地使用了比较取　*153*向。因为人类认知如此复杂，为了能够逐步理解它，我们必须从关节处将认知分解，将高级能力分成一系列我们可以描述和操纵的部分。此外，我们必须区分真正作为基础的人类独特认知能力和由此基础支撑的能力。当代认知科学家通过跨物种、跨年龄、跨人类群体的比较，寻找我们在演化长河中与其他物种共有的基础能力，寻找那些人类发展早期出现的能力，寻找人类文化间的伟大共性（invariance）。

这些三重比较对一些关于人类独特性来源的脆弱观点提出了怀疑。例如，一种观点认为使用工具的能力是人类认知成就的基础。然而，托马塞洛关于黑猩　*154*猩和儿童的研究表明，工具使用虽然是我们独特能力的一大特征，却不是这些能力的源头。人类独特的工具使用模式出现在人类独特的交流形式之后[1]。第二种

---

[1]　Tomasello，M. 2008. *Origins of Human Communication*.

观点认为人类是"符号性物种"（*the symbolic species*）[1]，会通过地图、图像、书写系统和其他符号扩展自身认知能力。但发展心理学研究表明，儿童只在第三年才开始理解这样的象征性符号系统[2]，远远晚于托马塞洛在这几章中描述的独特人类发展。第三种观点关注抽象能力：唯有人类能够形成和操纵抽象概念，为数学等方面的发展提供了可能。然而，动物认知研究在许多非人动物中都发现了抽象数表征[3]。发展和跨文化研究发现一些重要的抽象概念（如自然数系统）的出现晚于并依赖于语言和口头计数的习得[4]，这进一步动摇了抽象思维论的根基。

所以使人类得以达成独特成就的本质差异是什么？

① Deacon，T. 1997. *The symbolic species：The co-evolution of language and the brain.* New York：W. W. Norton.

② DeLoache，J. S. 1995. Early understanding and use of symbols. *Current Directions in Psychological Science*，4（4）：109-113.

③ Dehaene，S. 1997. *The number sense：How the mind creates mathematics.* New York：Oxford University Press.

④ Carey，S. 2009. *The origin of concepts.* New York：Oxford University Press.

托马塞洛的回答随着时间曾多次改变①，体现了他的开放性和高产。他和其学生精致的实验告诉我们，关于人类本性的许多合理解释其实是错误的。然而，抛开这些改变，一条主线贯穿了他的工作：我们独特天性的关键在于我们独特的社会关系。本书中，托马塞洛主张人类认知的独有特征源于一种演化而来的、物种特有的能力和动机——共享意图，由此产生了与众不同的交流和联合行动。在这种观点中，人类天生就倾向于与他人合作并分享信息、任务和目标。正是从这种能力中涌现出了我们其他与众不同的成就，从工具使用到数学再到象征性符号。

156

我认为托马塞洛的假设可能是对的，但是至少还存在一个竞争假设：人类语言才是我们独特认知成就的源头。这种观点从人类早期婴儿的研究中得到了部分支持。就像托马塞洛那样，我通过对认知能力的跨物种、跨年龄、跨文化比较检验了人类独特性的起源。

---

① Tomasello, M. and Call, J. 1997. *Primate cognition*. New York：OxfordUniversity Press. Tomasello, M. 1999. *The Cultural Origins of Human Cognition*. Tomasello, M. 2008. *Origins of Human Communication*.

而我关注在人生最初的几个月里出现的认知能力，询问它们是否也存在于其他动物之中，以及在各文化下的人类发展进程中它们发生了什么变化。

总结过去数十年的实验，我相信有证据表明在婴儿中存在至少五个认知系统，我称为核心知识系统（core knowledge）①。这些系统涉及表征和推理：

157

①非生命客体及其运动；

②有意图的主体及其目标指向行为；

③可导航的环境中的地点及其间的几何关系；

④一系列客体或事件及其序数和基数数量关系；

⑤与婴儿展开互惠互动的社会搭档。

其中每一种认知系统都在婴儿早期出现（在一些案例中，出生即具备）并一直保持，随着儿童成长，本质不变。尽管不同文化群体中的人可能在惯例和信念系统上存在许多差异，这些系统在我们的物种中普遍存在。最为重要的是，这些核心知识系统彼此相对分离，并局限于各自适用的领域中。儿童和成人在后来的发展中学习和练习具有文化特性的独特人类认知技能，

① Spelke, E. S. and Kinzler, K. D. 2007.

从而能够克服系统之间的权限限制（signature limits），将之融会贯通。而这些后期发展与儿童自然语言的习得有关。

表征客体的核心系统可以作为例证。当头6个月的婴儿在受控制的条件下看到客体时，他们的自发注视和够取反应显示了客体表征的性质和局限。这些实验表明即使是新生儿也具有一些成熟的表征客体的能力：在适当的条件下，婴儿能够保持对可见客体的追踪，推测客体的隐藏部分是什么样子，甚至表征完全移出视线的客体①。

不仅如此，婴儿的客体表征存在一些诡异的局限性。作为成人，我们能挑出许多不同的东西，包括杯子、门把、沙堆、树或者积木塔。然而婴儿面对这些物体时只能表征那些内部紧密结合：可以分别移动的

158

---

① For review see Baillargeon, R. 2004. Infants' physical world. *Current Directions in Psychological Science*, 13(3): 89-94.

客体，茶杯而非门把、沙堆或积木塔①。婴儿也不能在任一时间同时追踪 3 个以上的客体②。更重要的是，婴儿不能将客体按照特定功能表征为某一类别的成员。

159 这些局限表明了系统的权限，可以用以指出核心系统是否在本文化和其他文化下的成人中继续存在，是否也存在于其他动物中，以及儿童和成人是否会在尝试掌握考虑物质世界的新方法时利用这一核心系统。这些问题的答案都是肯定的。

成人在追随缺乏文化背景信息的可见客体时，表现出了与婴儿相同的能力，以及相同的权限限制③。不

---

① Spelke, E. S. 1990. Principles of object perception. *Cognitive Science*, 14 (1)：29-56. Rosenberg, R., & Carey, S. 2006. Infants' indexing of objects vs. non-cohesive entities. Poster presented at the Biennial meeting of the International Society for Infant Studies. Chiang, W. C., and Wynn, K. 1998. Infants'representations of collections. *Infant Behavior and Development*, 21(2)：341.

② For review see Feigenson, L., Dehaene, S., and Spelke, E-. S. 2004. Core systems of number. *Trends in Cognitive Sciences*, 8 (7)：307-314.

③ Cheries, E. W., Mitroff, S. R., Wynn, K., and Scholl, B. J. In press. Do the same principles constrain persisting object representations in infant cognition and adult perception? The cases of continuity and cohesion. In Hood, B. and Santos, L. (Eds.). *The origins of object knowledge*. New York：Oxford University Press.

同文化的成员在同一个客体表征任务上表现相当①。年长儿童在开始习得客体名称、掌握计数、推理客体间的机械作用时,客体的核心概念在这些发展中都留下了痕迹②。由此可见,婴儿的客体表征贯穿了一系列人类独特能力的发展。

此外,核心客体表征并不是人类独有的。半放养的恒河猴能形成跟婴儿一样的客体表征,也存在相同的权限限制③。研究发现,即使在鸟类等与人类关系疏远的动物中,也存在这些表征的共同特性④。因此,表征客体的核心能力不能解释人类推理物理世界的独特能力:它们既不能解释人类的工具使用能力,也不能解释我们关于形式科学的能力。

160

---

① Gordon, P. 2004. Numerical Cognition Without Words: Evidence from Amazonia. *Science*, 306(5695): 496-499.

② Markman, E. 1991. *Categorization and naming in children: Problems of induction*. Cambridge, Mass.: MIT Press. Carey, S. 2009. *The origin of concepts*.

③ Hood, B. and Santos, L. (Eds.) In press. *The origins of object knowledge*. New York: Oxford University Press.

④ Regolin, L. and Vallortigara, G. 1995. Perception of partly occluded objects by young chicks. *Perception & Psychophysics*, 57(7): 971-976.

即使婴儿的核心知识系统也不是人类独有的，对这些系统的研究为检验人类认知提供了富有价值的工具。因为我们独特的认知能力建立在与其他动物共有的核心知识系统上，我们可以使用神经科学、遗传学、行为生态学和控制饲养（controlled rearing）等丰富而有力的技术手段研究其他物种，从而考察这些系统的发展①。不仅如此，我们还能够研究发展中的儿童，考察什么使他们以人类独有的方式表征客体，从而产生区别于婴儿和其他动物的表征客体的核心系统。

161 　　人类婴儿和成年猴都能学会认识特定客体的功能属性——虽然很慢，而且是以一种碎片化的形式②。然而，婴儿和成年猴都不能快速灵活地认识工具。在他们生命的第二年，人类儿童——也仅是人类儿童——开始将客体和行动有效地结合起来。他们开始同时将新客体视为一个具有特定形状的物体和一个在目标指

　　① Chiandetti, C. and Vallortigara, G. 2008. Is there an innate geometric module? Effects of experience with angular geometric cues on spatial reorientation based on the shape of the environment. *Animal Cognition*, 11 (1): 139-146.

　　② Hood, B. and Santos, L. (Eds.) In press. *The origins of object knowledge*.

向行为中具有特定功能的潜在工具。

如何解释这种对人造物的爆发式学习？近期研究表明儿童的人造物概念具有两个来源：前述客体表征的核心系统，以及表征主体及其目标指向行为的第二个核心系统。从很小开始，人类婴儿就能像表征自身行动的意图和形式那样表征他人和动物行动的目标指向①。与客体的核心表征类似，目标指向行动的核心表征在人类婴儿和非人灵长类中非常相似②。然而，在他们生命的第二年中，人类儿童开始有效地整合关于客体和动作的信息。客体表征和动作表征的有效整合似乎正是人类所独有的，尽管各核心系统作为基础并不独特。

是什么激发了儿童工具概念的发展？一些不同来

162

---

① Woodward，A. L. 2005. The infant origins of intentional understanding. In Kail，R. V.（Ed.）*Advances in Child Development and Behavior*，*Volume* 33. Oxford：Elsevier.

② Santos，L. R.，Hauser，M. D.，and Spelke，E. S. 2002. The representation of different domains of knowledge in human and non-human primates：Artifactual and food kinds. In Bekoff，M.，Allen，C.，and Burghardt，G.（Eds.）*The Cognitive Animal*. Cambridge，Mass.：MIT Press.

源的研究表明，这些发展某种程度上依赖于儿童对客体名称的习得。这些新的语言形式的作用在于整合核心表征。例如，当婴儿初次学会客体名称时，他们将先前分别独立表征的客体形状和客体功能信息统一在一起[①]。客体名称也使婴儿的注意集中在客体类别上：关注两个锤子或两个茶杯有何共同点[②]。即使成人在想象工具客体及其功能（如"锤子"和"锤"）时，也会激活大脑的次级语言区域（统筹客体结构和功能表征的脑区）[③]。语言作为一种优秀的组合系统，能够快速、灵活、有效地整合客体和动作表征，促生了我们的工具学习和使用能力。

我曾经关注工具使用的发展，而其他人类能力也经历了相似的发展模式。例如，人类婴儿和其他动物

① Xu, F. 2007. Concept formation and language development: Count nouns and object kinds. In Gaskill, G. (Ed.). *Oxford Handbook of Psycholinguistics*. New York: Oxford University Press.

② Waxman, S. and Braun, I. 2005. Consistent (but not variable) names as invitations to form object categories. *Cognition*, 95(3): B59-68.

③ Johnson-Frey, S. H., Newman-Norlund, R., and Grafton, S. T. 2005. A distributed left hemisphere network active during planning of everyday tool use skills. *Cerebral Cortex*, 15(6): 681-695.

具有表征数量的核心系统，及其特有的限制——尤其是近似性和非递归性——后者阻碍了自然数的完全表征。自然数概念出现在生命的第四至第五年（当儿童学会数词并掌握自然语言和口头计数后），这让他们能够整合数量和关于小数目客体的核心表征①。更进一步的例子是，人类婴儿和其他动物都具有表征二维图形和表征大范围地表布局的核心系统，但这两个系统是分离而基本无关的。在第三年，儿童开始通过语言联系这些系统，从而获得了根据几何地图导航的能力②。工具使用、自然数和几何学这三种人类独特的认知标志，似乎都是与自然语言相关联的人类独特的组合能力（combinatorial capacity）的结果。

将这些发现和托马塞洛描述的研究相联系，一个问题自然而然就产生了：提供组合能力的自然语言能力是如何与共享意图相联系的呢？托马塞洛并没有否

---

① Carey，S. 2009. *The origin of concepts.* Spelke，E. S. 2000. Core knowledge. *American Psychologist*，55（11）：1233-1243.

② Winkler-Rhoades，N.，Carey，S.，and Spelke，E-. S. 2009. *Young children navigate by purely geometric maps.* Denver，CO：Society for Research in Child Development.

认语言对人类而言是一种重要甚至关键的认知工具。

165 然而他辩称语言本身的习得需要一个解释，而我们基础的共享意图能力提供了这一解释①。在托马塞洛的观点中，语言习得并非遗传能力的产物，而是儿童在与他人互动并共同关注客体和彼此时建构出来的。基于这种观点，自然语言是人类特有的合作与沟通方式的产物而非源头。

然而，这一因果箭头也可能是反向的。人类独有的共享意图可能建立在有效整合核心表征的能力上。在这一观点中，在任何认知领域上的核心系统都不是人类特有的，包括在社会推理领域。只有语言是人类独有的核心基础，而它有助于在各知识领域之内和之间表征与表达概念。因此，人类快速、有效和灵活地整合不同核心表征的独特能力可能来自天生的语言能力。

166 这两种解释——语言源于人类特有的社会互动或

---

① Tomasello, M. and Call, J. 1997. *Primate cognition*. Tomasello, M. 1999. *The Cultural Origins of Human Cognition*. Tomasello, M. 2008. *Origins of Human Communication*.

者语言产生了这些互动——可以通过婴儿实验检验共享意图的产生来进行良好的区分。人类婴儿在很多方面都表现出了社会性。从出生开始，婴儿就能区分不同的人并注意他们的注视方向[1]。新生婴儿还对自身动作和他人动作间的一致性(correspondence)敏感，他们利用这种敏感性进行早期模仿：做出与所见运动有关的动作[2]。

然而至关重要的是，这些社会能力皆非人类独有。灵长类(除人以外)即使在缺少早期视觉经验的情况下仍然对面孔敏感[3]，它们跟随注视找到客体[4]，它们(即使是新生儿)能够探察到自身动作和其他个体的一

---

[1] Farroni, T., Pividori, D., Simion, F., Massaccesi, S., and Johnson, M. H. 2004. Gaze following in newborns. *Infancy*, 5(1): 39-60.

[2] Meltzoff, A. N., and Moore, M. K. 1977. Imitation of Facial and Manual Gestures by Human Neonates. *Science*, 198(4312): 75-78.

[3] Sugita, Y. 2008. Face perception in monkeys reared with no exposure to faces. *Proceedings of the National Academy of Sciences (USA)*, 105(1): 394-398.

[4] Tomasello, M., Hare, B., and Agnetta, B. 1999. Chimpanzees follow gaze direction geometrically. *Animal Behaviour*, 58(4): 769-777.

167 致性，进行与人类新生儿惊人相似的模仿①。这些发现
表明我们的核心社会性——我们对他人的兴趣以及我
们知觉他们并与他们交涉的能力——并不是独一无
二的。

此外，将他人理解为社会搭档的核心系统似乎与
将他人理解为目标指向的主体的核心系统相脱节。尽
管婴儿(和其他动物)能够将同类视作对客体起作用的
主体，也能将同类视为分享其心理状态的伙伴，但并
无证据表明他们能够将这些概念灵活有效地结合起来。
无法整合行动者和社会搭档的表征可以用以解释，为
什么非人动物和婴儿无法将他人同时视作沟通者和协
作者，这需要理解他人可以通过合作和共享意图协调
双方的目标指向行为。

托马塞洛的研究漂亮地说明，共享意图——自我、
168 社会搭档和目标指向行为的客体组成的三元关系——
始于生命第二年。从此以后，儿童使用指示来传达信

---

① Myowa-Yamakoshi, M., Tomonaga, M., Tanaka, M., and
Matsuzawa, T. 2004. Imitation in neonatal chimpanzees (Pan troglodytes)
. *Developmental Science*, 7(4): 437-442.

息，通过他人注视方向识别其意图，从过去的行为和知觉中推论他人的知识状态，帮助他人达成目标。共享意图可能也是这个年龄段的一个整合系统，但这是人类独特性的基石，还是像工具、自然数和象征性符号地图那样，由更基础的组合能力通过语言的使用，结合已有核心知识系统，从而建构成的交流系统？

已有研究并没有明确回答这一问题，但一些发现倾向于后一种观点。在这种观点中，我们可以预期共享意图随着语言的逐渐习得和表征的逐渐整合而零碎地出现，而非先天性地整体出现。事实似乎正是如此。10个月大时，婴儿逐渐发展出对交流行为（如指向）、*169*社会注意（如互相注视）的理解，而这些发展之间的关系并不紧密：儿童可能掌握了其中一个领域，而在其他领域进步甚微①。此外，10个月大的婴儿能够可靠地跟随他人注视找到客体，也能看向他人试图够取的客体，但它们不能联系这两种能力，从而预测到他人

---

① Brune, C. W. and Woodward, A. L. 2007. Social cognition and social responsiveness in 10-month-old infants. *Journal of Cognition and Development*, 8(2): 133-158.

将会够取她看的客体①。这些发现表明，婴儿不能整合性地将他人同时理解为行动者和分享周围世界经验的知觉者。因此，共享意图零散化地出现，而儿童的语言发展可能有助于联系互不相干的认知能力。

170 这两种概念如何能够被整合成婴儿、其社会搭档以及被知觉和操作的客体间的三元关系？儿童可能在第一年末通过驾驭自然语言而建构出共享意图的三角。自然语言表达可能在主体、社会搭档和客体三者间的关系中充当了关键的联结纽带，因为词语具有两面：

①它们指向客体；

②它们是社会交换的媒介。

正如儿童可能通过自然语言表达有效地整合他们关于客体和主体的核心表征，从而成为工具使用者，儿童也可能通过自然语言表达整合他们关于主体和社会搭档的核心概念，从而成为有意图的沟通者和合作者。人类独特的沟通和合作形式可能依赖于人类独有

---

① Phillips, A., Wellman, H., and Spelke, E. 2002. Infants' ability to connect gaze and emotional expression as cues to intentional action. *Cognition*, 85(1): 53-78.

的组合能力。

我曾把注意放在解释人类独特认知能力的两种不同尝试上：一种为托马塞洛的观点，即先天性的、物种特异性的共享意图；另一种是先天性的、物种特异性的组合能力，以自然语言的形式表达。此刻我们无 *171* 法知晓这两种解释各自是否正确。不过，我相信托马塞洛的发现将当下的思考聚焦在了一个成果丰富的方向上，而他的方法为推进我们的理解提供了典范。

然而，若要取得更深入的进展，研究者需要借鉴和掌握托马塞洛在观察一、二、三岁儿童并有所洞察和领悟中展现的精巧和独创性，以此探究人类和非人类婴幼儿的社会性。就像在客体表征的例子中那样，从神经生理学到控制饲养研究的各式方法都可以用于探索最早出现的社会能力①。基于对人类最早出现的社会知识的理解，研究者能够探索导致交流与合作——托马塞洛所说的在第二年出现的非凡模式——出现的关键发展事件。通过实验方法提升婴儿社会和语言经 *172*

---

① Sugita，Y. 2008. Face perception in monkeys reared with no exposure to faces.

验，并进而测量这种提升对认知的影响，可能对这一问题格外具有启发性①。

不管这些研究的结果如何，托马塞洛的工作让我们有理由相信，下一个十年中探索婴儿心理和行为的研究会跟过去十年一样硕果累累。人类天性和人类知识的基本问题在悬疑千年之后开始得到回答，而我相信对我们物种中最年轻成员的比较研究将尤其富有成果。

----

① Woodward, A. L. and Neebham, A. (Eds.) 2008. *Learning and the infant mind*. Oxford：Oxford University Press.

致 谢

这本书由 2008 年冬天在斯坦福大学举办的泰纳讲演（Tanner lectures）上的演讲内容整理而成，源于我想尽可能地保持演讲时的闲散风格，所以本书并不像人们经常期望的那样充斥着学术引用。书中标出的引用多是著作或综述（很多是我自己的），很多实证研究的作者都未被提及。实际上，大部分情况下，应引用的初级文献都藏在本书标出的引用文献的参考文献里面。这种偏向于我自己研究的引用，反射出我 2008 年演讲同时也是本书的主要目标：向大家介绍我和合作者近年来进行的类人猿／人类合作的相关研究。这里我希望读者能够原谅我的疏漏和自我中心。此外，我想要感谢泰纳委员会［尤其是德伯拉·萨茨（Debra Satz）和迈克尔·布拉特曼（Michael Bratman）、相关评论者、本书内容的直接贡献者(卡罗尔·德威克、琼·西尔克、布赖斯·斯克姆斯、伊丽莎白·斯皮克)]以及 2008 年演讲的听众。同时，我要感谢马普进化人类学研究所现在和曾经的那些同事们，是你们启发了我相关研究的想法和灵感，尤其是对本书完成有重要作用的布赖恩·黑尔(Brian Hare)、艾利西亚·梅利斯、汉斯·拉克兹(Hannes Rakoczy)和费利克斯·沃内肯。

译者后记

　　2015 年 3 月 16 日北京师范大学出版社学术著作编辑关雪菁电邮给我，提到手头有一本新签版权的选题，是在德国莱比锡马普研究所工作的美国著名心理学家迈克尔·托马塞洛（Michael Tomasello）2014 年的作品《人类思维的自然史》（*A Natural History of Human Thinking*）。这本著作较为详细地分析了人类的社会性和认知之间的联系。关雪菁编辑在电邮中的介绍是"自从达尔文开始，思想家们还难以从根本上找出人类与其他动物的本质差异所在。托马塞洛汇集他超过二十年的人类和类人猿的比较研究研究指出，合作社会互动是我们认知独特性的关键。一旦我们的祖先学会与他人一起追求共同的目标，人类便找到了属于自己的进化之路。"同时还介绍了另外一本小书《我们为什么要合作》(*Why We Cooperate*),和这本书的主题有很多联系。

由于这些工作涉及我教学和研究的领域,如发展心理学、比较心理学等,因此,他们希望我来承担上述作品的翻译工作。

尽管我一再跟自己说,不要再接写书、译书的工作了,但因为是托马塞洛教授的书,我还是动心了,因为我是他的忠实粉丝。

我们的实验室都是比较与发展心理学实验室,虽然我们比较的物种不完全相同,但研究的兴趣点很是契合。在 2008 年 7 月 20 日到 7 月 25 日赴德国柏林参加第 29 届国际心理学大会前夕,我特意去了莱比锡。那里既是心理学的发源地,也是托马塞洛领导的实验室所在地。会议期间,还特别选听了伯施(Boesch)和托马塞洛关于黑猩猩是否有文化的辩论,从而对托马塞洛教授的观点有了一些了解。而由于大家关心的问题很多是相通的,因此,我们实验室一直跟踪托马塞洛实验室的文献,所以对这些书中提到的实验工作非常熟悉。但这两本小书很多是研究工作的理论总结和思考,包括大量的哲学样论述,所以翻译起来还是感觉艰涩难译。

出于对著述中相关问题的兴趣，我们采取了边学习，边讨论，边翻译的方式来完成这两本小书的文字翻译。两个学习小组成员分别是颜自强、金晓雨、张达和苏彦捷四人小组负责《我们为什么要合作》，而《人类思维的自然史》（*A Natural History of Human Thinking*）则是由苏金龙、姜伟丽、尚思源、刘谨、王宏伟、陈涛和苏彦捷七人小组负责。大家对分章节主译的部分先自行学习，然后在实验室组会上报告，对内容和术语进行讨论统一。考虑术语统一时会借鉴学术论文学术著作中大家都已经认可的约定俗成的译法，对有些看起来像哲学术语的还征求了哲学系老师的意见。此外，由于原著已经发表一段时间了，对其中当时引用的还未发表的论文，我们也都查阅是否已经发表，并用译者注的方式补充完成了更新的文献信息。最后，我通读并校对全文，特别是我有几个最后敲定的译法和小组意见稍有不同，我坚持了己见，所以文责由我来负。

尽管如上所述，我们对这些感兴趣的内容尽可能地在理解的基础上用我们的语言表达出来，但毕竟受我们的学识、对问题的思考和思维方式等的局限，不免会在译文中存在纰漏和错误之处，请各位读者审读并指正。

苏彦捷
2016 年 1 月 31 日

图书在版编目(CIP)数据

我们为什么要合作:先天与后天之争的新理论 /（美）迈克尔·托马塞洛著；苏彦捷译.—北京：北京师范大学出版社,2017.6(2018.12重印)
（心理学前沿译丛）
ISBN 978-7-303-21216-3

Ⅰ.①我… Ⅱ.①迈… ②苏… Ⅲ.①婴幼儿心理学－研究
Ⅳ.①B844.12

中国版本图书馆 CIP 数据核字(2016)第 208194 号

营　销　中　心　电　话　　010-58805072　58807651
北师大出版社学术著作与大众读物分社　　http://xueda.bnup.com

WOMEN WEISHENME YAO HEZUO
出版发行:北京师范大学出版社 www.bnup.com
　　　　　北京市海淀区新街口外大街 19 号
　　　　　邮政编码:100875
印　　　刷:大厂回族自治县正兴印务有限公司
经　　　销:全国新华书店
开　　　本:890 mm×1240 mm　1/32
印　　　张:5.375
字　　　数:80 千字
版　　　次:2017 年 6 月第 1 版
印　　　次:2018 年 12 月第 2 次印刷
定　　　价:36.00 元

策划编辑:关雪菁　　　　　　责任编辑:齐　琳　王星星
美术编辑:宋　涛　　　　　　装帧设计:宋　涛
责任校对:陈　民　　　　　　责任印制:马　洁

Why we cooperate: based on the 2008 Tanner lectures on human values at Stanford University

by Michael Tomasello, ISBN 978-0-262-01359-8

Copyright © 2009 Massachusetts Institute of Technology

北京市版权局著作权合同登记号：图字 01-2015-3577